Barbara Schaefer · Rasso Knoller

Lesereise Inseln des Nordens

Barbara Schaefer
Rasso Knoller

Lesereise
Inseln des Nordens

Von Island bis Spitzbergen

Picus Verlag Wien

Grafische Gestaltung: Dorothea Löcker, Wien
Umschlagabbildung: © Barbara Schaefer
Druck und Verarbeitung: Remaprint, Wien
ISBN 978-3-85452-957-6

Informationen über das aktuelle Programm
des Picus Verlags und Veranstaltungen unter
www.picus.at

Inhalt

Starke Frauen in hohen Breiten

Was zieht Menschen hinaus ins Weiß?

Auf Spitzbergen gibt es keine Ureinwohner, alle Menschen, die dort leben, zogen dort hin. Freiwillig. Mitteleuropäer wandern nach Grönland oder Island aus, Abenteurer überwintern im Eis. Was um Himmels willen haben sie dort zu suchen? Was tun sie überhaupt da draußen, in dieser Affenkälte? Was zieht Menschen hinaus ins Weiß?

Wie alles begann: Ich war im Herbst nach Grönland geflogen, lebte zwei Wochen in Ammassalik, stromerte durchs Dorf, alberte mit Inuit-Kindern herum und glotzte in die Landschaft und aufs Meer. An einem Mittwoch flogen wir ab. Der Helikopter wollte nicht kommen, ich saß auf einem Stein, schaute über die Bucht, in der ein Eisberg gestrandet war, und siehe da: Mir liefen Tränen übers Gesicht! Ich wollte gar nicht weg! Ich kam wieder, wenige Monate später schmiss ich meinen Seesack vor die Eingangstür eines roten Holzhäuschens und blieb drei Wintermonate in Ostgrönland.

So weit, so romantisch. Aber den Seesack schmiss ich deshalb vor die Tür, weil ich in das Häuschen nicht reinkam. Meterhoch lag Schnee vor der Tür. Frohgemut lieh ich mir eine Schneeschippe und schaufelte mich ins Haus. Doch was Winter in Ammassalik bedeutete, schrieb ich eine Woche später an Freunde: »Ich springe aus dem Schlafsack, draußen Schneesturm. Etwas klappert: die Tür des Schuppens. Mit mehreren Schichten Klamotten stürze ich hinaus, ohne Frühstück, die Haustür lässt sich nicht zuziehen, weil in allen Ritzen Schnee steckt. Die Schuppentür weht wie ein Segel im Sturm, der Wind reißt sie mir aus der Hand, mein Daumen gerät dazwischen. Ich haste ins Haus. Es will nicht warm werden, das Holz ist verbraucht. Ich muss wieder raus! Der Wind bläst mich fast um. Obwohl ich vor ein paar Tagen ein Fixseil als Geländer ums Haus gespannt habe, rutsche ich aus, knalle mit dem Knie aufs Eis. Zurück ins Haus, trotz Goretex ist alles patschnass. Jacke auf die Leine, ein paar Scheite hineingeschoben, fast wird es gemütlich – doch der Wind reißt die Schuppentür wieder auf. Ich bekomme Schreikrämpfe. Keine zehn Minuten war ich im Trockenen, und nun muss ich wieder raus.« Später plagten mich schlichtere Probleme: »Für mein Geburtstagsfest brauche ich einfache Rezepte! Der billigste französische Vin de table kostet sechzehn Mark und eine Dose Bier 2,80 – das wird meine teuerste Party.«

Da hatte Christiane Ritter noch andere Versorgungsmängel: »Bei kaltem Seehund und Kondensmilch genieße ich die helle Nacht. Mein Mann, der seit Jahren nur Steine und Eis zu sehen bekommen hat, gerät immer wieder in Begeisterung über zartgelben Mohn, der auf hauchdünnen Stängeln im

Wind weht, während mich der Anblick der Blumen nicht rührt. Ich esse sie alle auf und bilde mir ein, es wären vitaminhaltige Gemüse.« Das Buch »Eine Frau erlebt die Polarnacht« ist ein Klassiker der Arktis-Literatur; in den dreißiger Jahren folgte die Wienerin ihrem Mann nach Spitzbergen und lebte ein Jahr in einer Jägerhütte. Sie zog ein weises Fazit über ihre weiße Zeit: »Man kann verrückt werden in Einsamkeit und Grauen, man kann auch verrückt werden vor Begeisterung über allzu viel Schönheit. Sicherlich wird man aber niemals in der Arktis etwas anderes erleben als das, was man selbst in sie hineingetragen hat.«

Mich ließen die hohen Breiten nicht mehr los, ich las jedes Buch, auf dessen Einband Eisberge glänzten. Ich wollte verstehen, warum es Menschen in diese Unwirtlichkeit zog – mich eingeschlossen. In allen Erzählungen ist die Rede von dem besonderen Licht, und bis heute rührt es mich im Innersten, wenn ich an die blauen Eisberge zurückdenke, die im gleißenden Sonnenlicht aus dem Fjord von Ilulissat ins offene Meer hinaustrieben. Wie alle Wüsten ist auch die Eiswüste elementar, Leben und Tod liegen hier so dicht beieinander wie in der Sahara. Dort kann man ohne Wasser nicht überleben, hier nicht ohne Wärme. In der Provence ist es gemütlicher, aber Gemütlichkeit ist nun mal kein Zustand, der zum intensiven Nachdenken anregt. Manche Menschen, mich eingeschlossen, brauchen dazu extremere Bedingungen.

Ich begann, nach Eisfrauen zu suchen und

fand Berühmtheiten wie Fräulein Smilla und unbekannte Heldinnen wie Josephine Peary; sie begleitete ihren Mann Robert E. Peary zwar nicht bis zum Nordpol, fuhr aber 1893 hochschwanger mit nach Nordgrönland. Eskimofrauen begleiteten den Arktisforscher Knud Rasmussen auf seiner fünften Expedition »Thulefahrt«, aber bis die erste Frau zum Nordpol lief, sollte es lange dauern, erst 1986 gelang das Ann Bancroft.

»Kommt gar nicht in Frage« – der Leiter des deutschen Polarforschungszentrums in Bremerhaven lehnte rigoros ab, als Ende der achtziger Jahre (des 20. Jahrhunderts!) Wissenschaftlerinnen ein Jahr auf der Georg-von-Neumayer-Station in der Antarktis überwintern wollten. »Aber Sie können ja ein Frauenteam zusammenstellen«, fügte er an. Vielleicht hatte er nicht mit dem Ehrgeiz der Frauen gerechnet; im März 1990 stehen neun Frauen an der Schelfeiskante und winken dem »Polarstern« zu, der Eisbrecher dreht ab, die Frauen bleiben allein zurück, in der Antarktis, einem Plätzchen so unwirtlich, dass Grönland dagegen wie die Toskana wirkt.

Einige Jahre später hocken zusammen mit sechs Männern wieder drei Frauen in den Röhren im Gletschereis der Antarktis: die Chemikerin Andrea Wille, die Meteorologin Heidi Schmid sowie die Köchin und Krankenschwester Tina Wöckener. In ihrer Freizeit sitzt Heidi Schmid in ihrem Zimmer und hört Musik oder bastelt an einer Patchworkdecke. Angst hatte sie nie, doch wenn es draußen stark driftet »bin ich froh, wenn mich jemand zur fünfhundert Meter entfernten Ballonfüllhalle begleitet, wo meine Wetterballone starten«, erzählte sie mir per E-Mail. Was vermisst sie? »Frisches Obst, den Starnberger See und die Alpen.« Die Köchin Tina Wöckener sah das pragmatischer: »Was ich vermisse? Ein gut gezapftes Bier in meiner Stammkneipe ›Sir Winston Pub‹ in Lübeck!«

Fünf britische Frauen, die nach einem Eintausendeinhundert-Kilometer-Marsch am Südpol standen, sind die erste Frauenexpedition, die beide Pole zu Fuß erreicht hat. Die Britinnen erreichten drei Jahre zuvor mit weiteren zwanzig Frauen den Nordpol. Während ihres Marsches zogen sie sämtliche Lebensmittel und ihre gesamte Ausrüstung auf Schlitten. Diese wogen mit hundertfünfunddreißig Kilo jeweils das Doppelte ihres Körpergewichts.

»Emotional landscape« singt Björk mit Eisesstimme. Fräulein Guðmundsdóttir ist der bekannteste Export Islands, ihre Wurzeln liegen in einer explosiven Zone, unterm Eis, auf dem Vulkan. Über ihre Heimat sagte Björk in einem Interview: »Es war stockdunkel. Nordlichter flirrten über eine dicke Wolkenschicht. Unten knirschten die Lavafelder. Das war wirklich Techno.« Eine Schwester im Geiste ist Hansine Jensdóttir, Goldschmiedin in Reykjavík. Sie arbeitet am liebsten mit Stahl und Silber, verwendet nur isländische Steine. Aber Hansine poliert die Steine nicht, »die Landschaft Islands ist ja auch nicht poliert«. Sie war auch mal im Ausland, in Calgary, das liegt ja auch nicht gerade im Süden. »Nein nein, von der Hitze werde ich so müde. Kreativ bin ich nur im Norden.«

Elke Meissner lebt als Reiseveranstalterin schon seit über zwanzig Jahren in Grönland – und wurde 1998 deutsche Ehrenkonsulin. Sie fährt mit Hunden und begleitet Schlittengruppen. »Am liebsten würde ich immer in Grönland bleiben. Ein Leben anderswo kann ich mir schwer vorstellen, eine ernsthafte Krankheit hier allerdings auch nicht ...«

Für uns Südeuropäer ist das Leben im Eis ein Abenteuer, doch viele, die dort leben, wollen nichts wie weg. In Ammassalik freundete ich mich mit der achtzehnjährigen Christiane an. Was die Inuit-Frau erzählte, ließ mir die Haare zu Berge stehen. Als sie sechs war, kam sie ins Kinderheim, weil die Eltern soffen. Mit dreizehn war sie das erste Mal schwanger. Ihre fünfzehnjährige Schwester Ana hörte oft stundenlang eine Kassette, auf der ein trauriges Lied eine Endlosschleife zieht. Sie dachte an ihren Bruder, der sich umgebracht hatte. In einer hellen Nacht ging ich mit den Schwestern spazieren. Halb vier Uhr, Nordlicht, in der Bucht glänzten die Flanken eines Eisbergs, ein Caspar-David-Friedrich-Bild, zum Malen schön. Aber Christiane sagte: »Ich bin's so leid, all das die ganze Zeit zu sehen.«

Die Schweizerin Andrea Kippe hingegen konnte nicht genug davon bekommen. Sie ging als Tourenguide nach Spitzbergen. Als Kind hatte sie Abenteuergeschichten verschlungen, sie wollte so viel lernen, »dass man mich alleine mit einem Taschenmesser im Wald aussetzen könnte und ich in der Lage wäre, zu überleben«. Die schönste Erfahrung sei der freie Kopf gewesen, weil es in der Wildnis keine zivilisationsbedingten Ablenkungen gebe. Interessant war für sie, dass ihr auf Svalbard das Bedürfnis, Musik zu hören, für lange Zeit völlig abhanden kam – »man könnte seine Ohren ja für (überlebens)-wichtigere Wahrnehmungen benötigen«.

Die Journalistin Sabine Barth war dreiundzwanzig Mal in Island und acht Mal in Grönland, sie stellte fest, dass es Frauen leichter falle, mieses Wetter auszuhalten. »Frauen sind ausdauernder. Dennoch reise ich gern mit einem Mann – er kann mehr tragen als ich.« Interessant sei die Leidenschaft der Männer, wie sie sich in der Literatur darstellt. »Männer vergleichen den Norden, das Eis, das Nordlicht mit einer Geliebten. Amundsen sprach sogar von Todessehnsucht.« Die literarischen Eisfrauen seien dagegen »die Kundigen oder zumindest Lernbereiten und letztlich Überlebensfähigen«.

Was war das Schönste?, habe ich die Eisfrauen gefragt, und schließlich auch mich. Das war das Schönste: Einmal schnallte ich mir Tourenski an und lief hinaus auf das zugefrorene Meer. In einer Bucht setzte ich mich auf einen Felsblock, die Sonne gleißte, ein Einheimischer zog mit seinem Hundeschlittengespann vorbei und sah mich nicht, der kalte, harte Schnee stob auf. Und ich wusste: Wenn ich nun einfach weiterlief, den

Nachmittag und die Nacht, dann würde ich nicht überleben. Es war ein wundervoller Tag, aber bald würde es bitterkalt werden, minus zehn, minus zwanzig, wer weiß. Und dieser Gedanke war ungemein faszinierend, nie zuvor hatte ich mich so stark gefühlt, hier sitzen zu können, dies zu überlegen und dann umzudrehen, zurückzugleiten in den Ort. Ich hatte keinerlei Todessehnsucht, ich war nur glücklich.

B. S.

Kathedralen auf dem Meer

Eisberge und heiße Quellen

Manche Orte vergisst man nicht. Meist sind dies Orte, an denen man etwas Wunderbares das erste Mal erlebt hat. Jeder erinnert sich daran, wo er das erste Mal geküsst wurde, und jeder weiß, wo er seine Liebste getroffen hat. Ein solcher Ort des wunderbaren ersten Mals ist für mich Qaqortoq im Süden Grönlands. Dreitausend Leute leben hier, es gibt ein Gymnasium, eine Handelsschule und eine Fabrik, in der Pelzkleidung hergestellt wird. Außerdem steht mitten in dem Städtchen der älteste Springbrunnen des Landes. Deswegen kommen aber sicherlich keine Touristen hierher – selbst Springbrunnenfreunde nicht. Und trotz seiner bunten Häuschen, die sich an einen Hügel klammern, und entgegen der Aussage des grönländischen Fremdenverkehrsamts, nach der er einer der bezauberndsten Orte des Landes sein soll, ist Qaqortoq keine Schönheit. Doch nach Grönland reist man auch nicht zum Städteurlaub, sondern wegen der großartigen Natur. Darum bin ich schon bald mit dem Boot nach Uunartoq unterwegs. Uunartoq wiederum ist eine Insel, etwa zwei Bootsstunden von Qaqortoq entfernt. Auf ihr sprudeln heiße Quellen, die einen Pool speisen, der bis zu siebenunddreißig Grad warm ist. Keine schlechte Sache im kalten Grönland und ein lohnendes Ziel für einen Tagesausflug. Schon die Wikinger kannten diese natürliche Badewanne, und sogar alte Sagas erwähnen die Stelle.

Eigentlich ist der grönländische Sommer schon vorbei, als ich aufs Boot steige, doch dieser Septembertag ist warm, sonnig und klar. Der ideale Tag für eine besondere Begegnung. Das Boot dieselt vor sich hin, und meine Kamera arbeitet auf Hochtouren: Schneebedeckte Berge am Ufer und grüne Wiesen davor, ein Fjord hier, eine Landspitze da und alles mit dem perfekten Blau des Himmels im Hintergrund.

Und dann sehe ich sie. Ganz weit draußen auf dem Meer. Weit weg und doch riesig. Zwei schwimmende Kathedralen, die je nach Sonneneinstrahlung ihre Farbe verändern. Blau, weiß, grün und dann wieder blau. Vor lauter Begeisterung vergesse ich zu fotografieren. Unwirklich sehen sie aus, wie Gäste aus einer anderen Welt. Immer noch fährt das Boot an hohen Bergen und grünen Wiesen vorbei, doch ich habe nur noch Augen für die beiden Eisberge. Als ich wenig später in der Quelle liege, sehe ich sie immer noch am Horizont. In solchen Augenblicken ist die Welt perfekt. Ich sitze planschend im warmen Wasser, die grönländische Sonne scheint auf mich herab, ich halte einen Flasche Bier in der Hand – Gott sei Dank hatte ich vor der Abfahrt an die richtige Proviantierung gedacht – und draußen ziehen die Eisberge vorbei.

Später auf einer anderen Ausfahrt weiter im

Norden werde ich noch viele Eisberge sehen. Dort wird das Boot richtig knapp an ihnen vorbeifahren. Der Skipper wird mit dem Pickel ein paar große Eiswürfel aus dem Eisberg herausschlagen, sie zerkleinern und damit meinen Whisky kühlen. Whisky on the rocks – wobei die »rocks« viele Tausend Jahre altes Eis sind. Das Knistern im Glas sind Luftblasen, die aus dem schmelzenden Eis entweichen. Luft aus einer anderen Zeit. Jeder Schluck ist ein Schluck Vergangenheit. Und der Skipper wird mir erzählen, dass viele Sternelokale Gletschereis aus Grönland importieren, um ihre Drinks damit zu servieren. Das Eis ist dann oft teurer als der Whisky.

Auch wenn ich später noch viele und viel größere Eisberge gesehen habe, die beiden schwimmenden Kathedralen von Qaqortoq werde ich nie vergessen. Das erste Mal ist eben immer etwas Besonderes.

R. K.

Ein ganzes Jahr in einer Stunde

Eine Geschichte von Schönheit, Leidenschaft und außerirdischem Zauber

Mit der Liebe geht es manchmal schnell. Besonders dann, wenn sich einer der Partner von Anfang an richtig ins Zeug legt. Mit allem aufwartet, was er zu bieten hat, und allen Emotionen freien Lauf lässt. So viel Leidenschaft lässt sich nur schwer widerstehen.

Bei mir hat es nur eine Stunde gedauert, dann war ich ihr verfallen – oder ihnen. Denn eigentlich waren es gleich mehrere. Genauer gesagt achtzehn! So viele Inseln gehören zu den Färöern, dem einsamen Land im Nordatlantik. J.R.R. Tolkien, der angeblich auch färöisch gesprochen haben soll, hätte an der wilden Landschaft seine Freude gehabt, und wenn Peter Jackson, der Regisseur von »Der Herr der Ringe«, die Färöer gekannt hätte, hätte er seinen Film sicher hier und nicht in Neuseeland gedreht.

Als ich an einem Märztag auf dem Flughafen der Insel Vágar lande, begrüßen mich die Färöer mit Sonnenschein, nur um mir von da an im schnellen Wechsel Regen, Schnee und Hagel zu bieten – alles, was das Wetter in seinem Spektrum vorsieht; ein Jahr im Schnelldurchlauf.

Schon in den ersten Stunden meiner neuen

Affäre treibt mich meine Liebhaberin zur Ekstase, bietet sich mir in ihrer ganzen Schönheit dar und entlockt mir immer neue Komplimente. Mit ständig wachsender Begeisterung steuere ich meinen Mietwagen über die leeren Straßen der Inseln. Ich bin auf dem Weg nach Gásadalur, einem Ort fast am Ende der Welt. Erst seit einigen Jahren, seit man einen Tunnel aus dem Berg gesprengt hat, kann man ihn auf der Straße erreichen. Früher mussten die Bewohner auf einem Bergpfad über zwei Stunden ins Nachbardorf wandern, und noch im 19. Jahrhundert wurden sogar die Toten auf diesem Weg zum Friedhof gebracht.

Ich aber komme ganz entspannt in Gásadalur an, spaziere hinaus zu einem Aussichtspunkt und blicke hinüber nach Mykines. Meine Liebhaberin versteht sich auf das Spiel der Verlockung, geizt nicht mit ihren Reizen. Mykines, die angeblich schönste der färöischen Inseln, liegt vor mir im nordatlantischen Meer. Im Sommer sind ihre Vogelkolonien beliebte Ziele für die Touristen, jetzt im Frühjahr verhindern Stürme die Überfahrt und mir bleibt nichts als der sehnsuchtsvolle Blick hinüber zu den schroffen grünen Berghängen und den vier Vogelfelsen, die nur ein paar Hundert Meter von der Hauptinsel entfernt liegen. Der erste Fels liegt wie eine Schildkröte im Wasser, daneben steckt ein riesiges, vielleicht hundert Meter hohes Schwert, dann ragt eine Sprungschanze aus dem Meer und gleich daneben ein überdimensionierter Stab, den vermutlich irgendein Riese vor langer Zeit in den Meeresgrund gerammt hat. Da wird mir klar – ganz von dieser Welt sind die Färöer nicht. Sie haben die Macht, ihre Besucher zu verzaubern.

R. K.

Der Ministerpräsident hält den Elfmeter

Auf den Färöern gibt es keine Stars, aber viele Menschen voller Talente

Die Färinger sind ein besonders talentiertes Volk. Das merke ich schnell, als ich auf einer Recherchereise auf den Inseln im Nordatlantik unterwegs bin. Fast alle meine Gesprächspartner entpuppen sich als Mulitalente – oder sind zumindest mit jemandem verwandt, der etwas Besonderes weiß oder kann.

Eine Reportage über Fußball will ich schreiben. Selbstverständlich besuche ich daher Jens Martin Knudsen, den berühmten Bommelmützen-Torwart. Er stand 1990 beim legendären Sieg der Färöer über Österreich im Tor. Knudsen ist aber nicht nur der richtige Ansprechpartner in Sachen Fußball. Nein, auch in der Handballnationalmannschaft stand der heute Zweiundvierzigjährige zwischen den Pfosten und im Turnen war er mehrfacher Landesmeister. Mein nächster Interviewpartner ist Ministerpräsident Kaj Leo Johannesen. Eigentlich will ich mit ihm über Walfang und die Unabhängigkeitsbestrebungen der Färöer sprechen. Doch erst einmal plauschen auch wir ausführlich über Fußball. Johannesen saß nämlich als Ersatztorwart auf der Bank, als die Färöer mit Knudsen im Tor gegen Österreich gewannen. Und mit zweihundertsechsundneunzig Erstliga-Spielen ist er einer der erfolgreichsten Spieler des Landes überhaupt. Politisch ausgewogen, spreche ich hinterher mit Oppositionsführer Høgni Hoydal. Der hat zwar keine Fußballkarriere vorzuweisen, dafür aber gleich eine ganze Reihe berühmter Künstler in der Familie. Seine Tante ist eine bekannte Schauspielerin und Sängerin und Onkel und Großvater sind Schriftsteller. Ebenfalls zum Thema Walfang treffe ich mich später mit Kate Sanderson. Sie ist im Außenministerium für diese sensible Thematik verantwortlich. Ursprünglich aus Neuseeland stammend, lebt sie schon seit fast zwanzig Jahren auf den Färöern. Da ist es nur logisch, dass auch sie in dem Multitalente-Spiel mithalten kann. Ihr Mann ist Carl Johan Jensen – ein berühmter und wegen seiner häufig sehr offen vorgetragenen Worte auch umstrittener Dichter und Schriftsteller.

Eigentlich wollte ich noch ein weiteres Interview zum Thema Fußball führen – mit Torkil Nielsen, dem Mann, der beim Österreich-Spiel das Siegestor für die Färöer geschossen hat. Er lässt ausrichten, dass er mit diesem Teil seines Lebens abgeschlossen habe und darüber nicht mehr sprechen wolle. John Eysturoy, der mir bei der Organisation meiner Termine hilft, weiß auch warum: Nielsen, so sagt er, sei inzwischen einer der besten Schachspieler der Insel und lebe in seiner ganz eigenen Welt. Auch Eysturoy ist natürlich nicht einfach nur Angestellter des Färöischen Tourismusverbandes. Inzwischen über sechzig Jahre alt, blickt auch er auf eine Karriere als Fußballnationalspieler zurück.

R. K.

Alle Wetter auf den Färöern

Die Sonne scheint auf den Färöern seltener als anderswo, aber wenn sie scheint, dann schafft sie Einmaliges

Wer sich den Dörfern der Färöer vom Meer her nähert, dem fallen als Erstes die Kirchen auf. Es brauchte früher schon viel Gottvertrauen, um auf diesen wilden Inseln zu siedeln. Das hatten die irischen Mönche, die sich im 7. Jahrhundert als erste Menschen hier niederließen, um sich in aller Abgeschiedenheit ihrem Glauben zu widmen. Wirklich bevölkert wurden die Färöer aber erst hundert Jahre später. Dann kamen die Wikinger, vertrieben die Mönche und beanspruchten die Inseln für sich. Vom Christentum waren die Wikinger noch weit entfernt; das setzte sich erst um die Jahrtausendwende durch – und auch nicht ganz ohne Gewalt. Als einer der letzten wurde der mächtige Wikingerkönig Tróndur bekehrt – mit einem Messer an der Kehle und der Frage, ob er den Tod oder das Christentum wählen wolle.

Ich bin in Kirkjubøur, dem Ort, an dem sich die ersten Mönche niedergelassen hatten. Der äußerste Südzipfel von Streymoy, der größten färöischen Insel, war der ideale Siedlungsplatz, denn in der Bucht sammelte sich häufig Treibholz. Das war auf den baumlosen Inseln zum

Überleben ebenso wichtig wie das tägliche Brot. Kirkjubøur, wo heute nur noch ein Dutzend weit verstreuter Häuser steht, war einst Bischofssitz. Daran erinnern die Ruinen der Magnus-Kathedrale, die Bischof Erland im 12. Jahrhundert bauen ließ. Schon damals bestimmte Geld den Lauf der Dinge, und weil dem Bischof während des Baus eben das ausging, konnte die stattliche Kathedrale nie fertiggestellt werden. Anders die nur wenige Meter entfernt liegende Olafs-Kirche, die einzige Mittelalterkirche der Insel, in der noch heute Gottesdienste abgehalten werden: Sie ist weit weniger protzig gestaltet – und wohl auch deswegen konnte sie fertig gebaut werden.

Von Kirkjubøur führt ein Wanderweg über die Berge in die heutige Hauptstadt Tórshavn. Er diente früher als Verbindungspfad zwischen den Dörfern, riesige Steinmarker kennzeichnen seinen Verlauf. Wege wie dieser durchziehen die ganze Inselgruppe. Sie bilden ein hervorragendes Wegenetz für den heutigen Wanderer.

Lang ist die Wanderung nicht, nach knapp zwei Stunden habe ich Tórshavn erreicht. Das ist typisch für Wanderungen über die Insel: Länger als zwei, drei oder allenfalls vier Stunden ist man selten unterwegs. Nur das launische Wetter behindert manchmal das Vorwärtskommen. Oder der Blick auf die grandiose Landschaft. Denn der Wanderer wird leicht von ihr gefangen genommen und bleibt dann immer wieder stehen, um die Aussicht auf eine der vielen Inseln oder das Lichtspiel der Sonne auf einem Berg zu genießen.

Oder er rastet an einem Bachlauf, beobachtet Möwen, Austernfischer oder Gänse. Ohne Weiteres wird so eine kurze Wanderung zum Tagesausflug.

In Tórshavn holt mich John Eysturoy ab. Der zweiundsechzigjährige ehemalige Fußballnationalspieler arbeitet heute bei Samvit, der örtlichen Tourismusbehörde. Klein und etwas stämmig wirkt er, und auf den ersten Blick auch eigenbrötlerisch. Doch was so wirkt, ist eher Zurückhaltung, die sich aber schnell auflöst. Diesbezüglich ist John ein typischer Färinger. Sobald man sie näher kennenlernt, entpuppen sie sich als hilfsbereit, gelassen und entspannt – und voller herzlicher Gastfreundschaft.

John führt mich durch Tórshavn, der mit fünfzehntausend Einwohnern größten Stadt der Insel. Hier hat auch die Regierung der autonomen, zu Dänemark gehörenden Inseln ihren Sitz. Das Regierungsviertel liegt in der historischen Altstadt mit ihren roten Holzhäusern, und die wiederum befindet sich malerisch auf einer Landspitze, die wie ein Finger in den Hafen hineinragt. John erzählt, dass hier schon zu Wikingerzeiten das *Alþing*, die Versammlung der Männer, stattfand. Damit sei die Landspitze der älteste Parlamentsplatz der Welt. Zum Beweis zeigt er mir in den Fels geritzte Runenzeichen. Die Isländer, die dieselbe historische Wahrheit für ihr Þingvellir beanspruchen, sehen die Sache vermutlich anders. Doch da Isländer und Färinger freundschaftliche Beziehungen pflegen, wird darüber nicht gestritten.

John Eysturoy kennt jeden – entsprechend lange dauert der Rundgang mit ihm durch die Straßen der kleinen Stadt. Überall wird er begrüßt und muss Hände schütteln. Man spricht ihn mit dem Vornamen an – das macht man so auf den Inseln. Selbst den Ministerpräsidenten nennt niemand »Herr Johannesen«. Er heißt einfach Kaj Leo. Eysturoys Nachnamen zu erwähnen ist aber für den Fortgang der Geschichte wichtig: Er ist nämlich identisch mit dem Namen der zweitgrößten färöischen Insel, mein Ziel des nächsten Tages. »Viele Menschen tragen hier als Nachnamen den Namen eines Dorfes oder einer Insel«, sagt Eysturoy.

Als Beispiel dafür nennt er Sámal Joensen Mykines, den berühmtesten Maler des Landes. Die meisten Besucher der Inseln werden ihn dennoch nicht kennen – für sie ist Mykines lediglich eine kleine Insel ganz im Westen der Färöer. Sie gehört zu den Lieblingszielen der Touristen – zumindest im Sommer, wenn sie problemlos mit dem Ausflugsschiff zu erreichen ist und hier Hunderttausende Vögel ihre Nester gebaut haben. Der Kleinste unter den Piepmätzen ist der Liebling der meisten Besucher: Der nur dreißig Zentimeter große Papageientaucher kennt so gar keine Scheu und bietet Fotografen mit seinem bunten Schnabel ein ausgezeichnetes Motiv. Als wollte er den menschlichen Beobachtern stolz seinen Fang präsentieren, zeigt er sich gerne mit eine paar Fischen im Schnabel. Wie er es schafft, gleich mehrere Fische hintereinander zu fangen, ohne die zuvor gemachte Beute wieder zu verlieren, ist ein Rätsel, das Ornithologen bisher noch nicht lösen konnten. Mykines ist aber nicht nur für Vogelkundler, sondern auch für Wanderer ein Paradies. Der höchste Berg der Insel ist zwar nur fünfhundertsechzig Meter hoch, doch der drei Kilometer lange Aufstieg bringt auch geübte Wanderer ins Schwitzen. Wem die Bergbesteigung zu anstrengend ist, der spaziert hinaus nach Mykineshólmur, einem winzigen Eiland vor der Westspitze von Mykines. Eine fünfunddreißig Meter lange Brücke verbindet die beiden Inseln über eine spektakuläre Felsspalte hinweg.

Die Ortschaft Gjógv auf der Insel Eysturoy kann es mit Mykines durchaus aufnehmen. Man erreicht sie über Passstraßen, die erst hoch hinauf über die Berge und dann wieder hinab zum Meer führen. Von den Ausblicken zu schwärmen, die sich auf dieser Tour auftun, hieße das Normale in den Stand des Besonderen zu erheben. Denn Ausblicke hinab aufs raue Meer, hinüber zu steilen Berghängen und über baumlose Weiten, zu kleinen Fischerdörfern mit ihren bunten Holzhäusern oder auf spektakuläre Felsformationen, die sich wie in einer Traumwelt aus den tosenden Wellen erheben, bietet die Insel überall. Gjógv ist wegen etwas anderem bekannt: einer markanten Felsspalte, die hier einen engen und schwer zugänglichen Naturhafen bildet. John, der früher selbst als Fischer gearbeitet hat, erklärt, wie schwer es einst für die Ruderer war, hier mit ihren Fängen an Land zu gehen. »Die sind jeden

Morgen mit einem Kirchenlied auf den Lippen hinausgefahren und singend am Abend zurückgekehrt – dem Heiland dafür dankend, dass er sie mit reichen Fängen belohnt und sie sicher in den Hafen zurückgeführt hat«, erzählt John. Doch an manchen Tagen blieben die Gesänge aus – wenn ein Vater, Ehemann oder Sohn vom Fischfang nicht mehr zurückkehrte.

Zusammen mit John steige ich einen Wanderpfad entlang der Felsspalte den Berg hinauf – wieder dasselbe grandiose Programm: Vögel, fantastische Ausblicke und der Wind, der an den Haaren zerrt. Immer dasselbe und doch immer wieder neu und ergreifend. Dass es einem auf den Färöern nie langweilig wird, dafür sorgt schon allein das Licht, das sich fortlaufend ändert. Wer täglich auf derselben Strecke über die Inseln fährt, unternimmt doch Tag für Tag eine andere Reise. Sonne, Regen, Wolken, Hagel, Schnee, Nebel – die Färöer bieten alles in kurzer Abfolge.

Durch einen über sechs Kilometer langen unterseeischen Mauttunnel geht die Fahrt weiter nach Klaksvík, der zweitgrößten Stadt der Inselgruppe. Etwa viertausend Menschen leben hier. Für färöischen Standard ist Klaksvík damit eine Metropole mit fast unerträglicher Hektik. Nachdem ich einige Tage auf den Färöern verbracht habe, kann ich die Einheimischen verstehen. Auch ich kürze meinen Aufenthalt in der Stadt ab, will hinaus in die Natur und mache einen Abstecher auf die Insel Kunoy, die wegen ihrer spektakulären Sonnenuntergänge das ideale Ausflugsziel für

Romantiker ist – das jedenfalls erzählt man, denn mir bleibt hier die Sonne versagt. Doch schon auf der Nachbarinsel Viðoy scheint sie wieder. Hier, in der winzigen Ortschaft Viðareiði im äußersten Norden des Archipels, endet die Tour, wie sie begonnen hat: Mit dem Blick auf eine winzige Kirche, die stolz und standhaft auf den Klippen der färöischen Steilküste thront.

R. K.

Der Mann mit der Mütze

Jens Martin Knudsen blieb gegen Österreich ohne Gegentor und ist seitdem ein Volksheld

Am 12. September 1990 änderte sich das Leben von Jens Martin Knudsen. Es war der Tag, an dem der Gabelstaplerfahrer einer Fischfabrik zum Volkshelden und zum bekanntesten Einwohner der Färöer wurde.

Jens Martin Knudsen ist der Torwart mit der Pudelmütze, der an jenem Tag beim legendären EM-Qualifikationsspiel zwischen Österreich und den Färöern zwischen den Pfosten stand. Für die Männer von den Schafsinseln war es das erste offizielle internationale Spiel überhaupt. Erst kurz zuvor waren sie dem Europäischen Fußballverband, der UEFA, beigetreten. Gegen Österreich waren die Hobbyfußballer aus dem Norden nur krasse Außenseiter, und zwischen Wien und Bregenz wurde nur über die Höhe des Sieges diskutiert. Toni Polster, damals Profi beim FC Sevilla, tippte auf einen 10:0-Sieg und sein österreichischer Teamkollege Andi Herzog meinte, »wenn wir gut spielen gewinnen wir 8 oder 10 zu 0, wenn wir schlecht spielen halt nur 3 zu 0.« Doch es kam anders. Das Spiel endete 1:0 – aber für die Färöer. Der österreichische Nationaltrainer Josef Hickersberger, der zuvor die Färöer nach einer Spielbeobachtung als »schlechteste Nationalmannschaft der Welt« bezeichnet hatte, reichte sofort seinen Rücktritt ein und hat seitdem seinen Spitznamen weg: Färöer-Pepi. Jens Martin Knudsen hatte maßgeblichen Anteil an dem Sieg der Färöer. Mit seinen Paraden brachte er die anstürmenden Österreicher immer wieder zur Verzweiflung.

Normalerweise hätten die Färöer damals ein Heimspiel gegen Österreich gehabt, doch 1990 gab es noch keinen einzigen Rasenplatz auf den bergigen Inseln. Geschweige denn ein Stadion, das den Bestimmungen der UEFA genügt hätte. Deswegen mussten die Färinger ihr Heimspiel auswärts austragen und im schwedischen Landskrona antreten. Eintausendzweihundertfünfundsechzig Zuschauer erlebten dort das denkwürdige Match.

Der Weg zu Jens Martin Knudsen führt heute wie damals in die Fischfabrik. Inzwischen arbeitet er aber ein Stockwerk höher – als Gabelstaplerfahrer hat er vor zwanzig Jahren angefangen, heute ist er Mitinhaber der Fabrik. Streng zieht den Besuchern auf dem Weg zu Knudsens Büro der Geruch von Kabeljau in die Nase. Als ich das Büro betrete, sitzt er gerade am Computer. Allerdings in einer Kleidung, die man bei einem Manager nicht erwarten würde: Knudsen trägt eine Art weißen Hausmeisterkittel und auf dem Kopf eine Mütze, ebenfalls weiß. Die Hygienevorschriften der Fischfabrik machen auch fürs Management keine Ausnahme. Ohnehin ist Knudsen ohne

Kopfbedeckung nur schwer vorstellbar, denn als Mann mit »Mütze« ist er berühmt geworden.

Inzwischen ist Knudsen zweiundvierzig Jahre alt, ein Alter, das man ihm nur ansieht, wenn man ein bisschen genauer auf seinen Dreitagebart schaut. Dann nämlich entdeckt man neben roten auch einige graue Haare. Ansonsten wirkt Knudsen wie ein Endzwanziger. Fit und lässig mit dem Cowboyschritt eines Fußballers. Bis vor Kurzem war er auch noch als Spieler aktiv. Mit seinem Heimatverein NSI Runavík gewann er 2007 den färöischen Meistertitel und wurde darüber hinaus zum besten Torhüter des Landes gewählt. Wieder einmal!

Ja, die Sache mit der Mütze, die verfolge ihn sein ganzes Leben, sagt Knudsen lachend. »Es gibt kein Interview, in dem ich nicht danach gefragt werde«, fügt er hinzu. Seine legendäre Mütze benutzt er auch noch heute. Der Zustand der weißen Bommelmütze lässt aber zu wünschen übrig. »Ich musste sie schon an einigen Stellen mit Tape ausbessern«, sagt er.

Die Mützen-Story taucht immer wieder in den unterschiedlichsten Variationen in der Presse auf. Einmal heißt es, seine Mutter habe die Mütze gestrickt. Dann, dass er sich als Jugendlicher eine schwere Kopfverletzung zugezogen habe und seitdem zum Schutz eine Mütze tragen müsse. Die erste Geschichte zumindest ist falsch – die Mütze stammt aus der Kollektion eines großen Sportartikelherstellers. Die Sache mit der Verletzung ist zwar wirklich passiert, war aber wesentlich weniger spektakulär als berichtet wird. Als Dreizehnjähriger verletzte sich Knudsen bei einem Spiel leicht am Kopf. »Unser Hausarzt und meine Mutter wollten mir damals wochenlang das Fußballspielen verbieten«, erinnert sich Knudsen. Das sei für ihn ein unvorstellbarer Gedanke gewesen. Um die Mutter zu beruhigen, versprach er beim Spiel fortan eine Mütze zu tragen – als Schutz für die Kopfwunde. »Im Ernstfall hätte das natürlich nichts genutzt«, meint Knudsen. Aber seine Mutter war zufrieden und er durfte wieder auf den Fußballplatz.

Im Grunde habe er den Hype um seine Kopfbedeckung nie so richtig verstanden, sagt Knudsen. Vor dem Spiel gegen Österreich habe er sogar überlegt, sie nicht zu tragen. Hätte er sieben, acht oder mehr Tore kassiert, wäre er nur der »Depp mit der Mütze« gewesen – doch so, mit dem Sieg in der Tasche, erlangten er und seine Mütze Kultstatus.

Nur zwei Jahre lang, von 1993 bis 1995, hat Knudsen bei Länderspielen auf seine geliebte Kopfbedeckung verzichtet: »Damals hat sich die Presse nur noch für meine Mütze und nicht mehr für die Leistung der Mannschaft interessiert.« Das, fügt er hinzu, »war total unseriös«.

Die Färöer sind Fußballinseln. Von den achtundvierzigtausend Einwohnern spielen fünftausend aktiv Fußball. Jede noch so kleine Gemeinde hat ihren eigenen Fußballverein. Auch Jens Martin Knudsen hat seinen Verdienst an diesem Fußballboom. Der Aufschwung für den Fußball auf den Inseln begann nämlich erst nach dem Sieg von 1990. Lange hatten die Offiziellen auf den Färöern damals diskutiert, ob sie ihr Team überhaupt an der Europameisterschafts-Qualifikation teilnehmen lassen sollten – die Angst vor deftigen Niederlagen war groß. Außerdem herrschte auf den Inseln eine schwere Wirtschaftskrise, sodass für die Finanzierung der Spiele der Nationalmannschaft kein Geld da war. Nur weil ein Sponsor die Reisekosten für das Team übernahm und die Spieler mit Nachdruck auf der Teilnahme an den Qualifikationsspielen bestanden, gingen die Färöer damals überhaupt an den Start. Eine Siegesprämie gab es nach dem Sieg gegen Österreich nicht. Den Helden von Landskrona wurde aber nach ihrer Rückkehr ein stürmischer Empfang bereitet. Knudsen glaubt sich auch zu erinnern, dass er von seiner Heimatgemeinde eine Armbanduhr geschenkt bekommen habe. Erfolgsprämien im Land der Hobbyfußballer haben eben eine andere Dimension.

Trotzdem war nach dem Sieg gegen Österreich plötzlich alles anders. Jetzt baute man Rasenplätze und in der Hauptstadt Tórshavn ein Stadion, das auch für internationale Spiele groß genug war. Selbst die Wirtschaftskrise wurde durch den Sieg leichter erträglich: Den Aufschwung konnten zwar auch die Fußballer nicht herbeizaubern. Doch das Selbstbewusstsein der Färinger stieg: Mit dem Sieg hatten die Inselbewohner endlich wieder etwas, worauf sie stolz sein konnten.

Durch das 1:0 von Landskrona wurde Knudsen zwar auf einen Schlag zum bekanntesten Färinger, sein Leben hat sich aber nicht verändert. Starruhm verträgt sich nicht mit der kleinen Inselwelt. Neunundneunzig Prozent der Färinger würden ihn wohl kennen, aber wenn er sich plötzlich wie ein Star verhielte, würde man ihn nur auslachen, sagt er. »Hier«, fügt er hinzu, »sind wir alle gleich.« Auch deswegen saß Knudsen schon drei Tage nach dem Sieg gegen Österreich wieder auf dem Fahrersitz seines Gabelstaplers. Wie alle anderen Spieler des Teams war auch er Amateur und musste seinen Lebensunterhalt außerhalb des Fußballfelds verdienen. Als einer der wenigen machte er aber dann doch eine bescheidene Profikarriere – allerdings wieder in der Provinz. Denn ein internationaler Spitzenverein war der IF Leiftur aus der isländischen Stadt Ólafsfjörður, für den Knudsen einige Jahre auflief, nicht. Der wirklich große Vertrag aber platzte, noch bevor er unterzeichnet war: 1998 wollte ihn der FC Aberdeen in der ersten schottischen Liga verpflichten. Leider wurde der Trainer, der ihn unbedingt wollte, am Abend vor der geplanten Vertragsunterzeichnung entlassen. Und dessen Nachfolger hatte kein Interesse mehr an Knudsen.

Doch auch ohne hoch dotierten Profivertrag ist Knudsen Kult. Fußballfans aus aller Welt verehren den Pudelmützen-Torwart noch fast zwanzig Jahre nach dem legendären Spiel gegen Österreich. In Japan haben sie einen eigenen Jens-Martin-Knudsen-Fanklub gegründet. Und sogar im Land des einstigen Gegners hat der Torwart seine Fans. »Immer wieder stehen Touristen aus Österreich vor meiner Haustür«, sagt Knudsen. »Wenn es nicht zu viele sind, lade ich sie zu einem Kaffee ein.«

R. K.

Die Nummer eins auf der Insel

Warum die beliebteste Sängerin der Färöer auf Beerdigungen singt

Eine, die zur Modellbürgerin ihres Landes gewählt wird, stellt man sich anders vor – älter, seriöser, gesetzter und vielleicht auch weniger charmant. Als man Eivør Pálsdóttir im Februar 2005 zum *Ársins Føroyingur*, zum Färinger des Jahres, wählte, war sie gerade einmal zweiundzwanzig Jahre alt. Die langhaarige blonde Frau mit ihren blauen Augen und dem strahlenden und ansteckenden Lächeln könnte auch als Fotomodell arbeiten – Eivør Pálsdóttir ist jedoch die bekannteste Sängerin des Landes.

»Durch ihre Lieder hat sie die Färöer auf positivste Art auf die Weltkarte gesetzt«, urteilten damals die Preisrichter. Von der »Weltkarte« zu sprechen, mag zwar übertrieben sein, aber immerhin: Auch in Island und Dänemark ist Eivør Pálsdóttir ein Star.

Eivør wollte immer schon singen und hat bereits Lieder geträllert, als sie noch nicht einmal sprechen konnte. Mit elf komponierte sie ihr erstes Lied. Von da an war klar, dass sie Sängerin werden wollte. Damit unterschied sie sich vermutlich nicht von ihren Klassenkameradinnen. Die meisten Mädchen in diesem Alter wollen Sängerin oder Schauspielerin werden. Doch Eivørs Eltern nahmen den Traum ihrer Tochter ernst und unterstützen sie in ihrem Ehrgeiz. »Meine Mutter glaubt fest daran, dass man machen soll, was das Herz sagt«, sagt Eivør. Deswegen hatte sie auch nichts dagegen, als ihre Tochter nach der neunten Klasse von der Schule abging und sich ganz der Musik widmete. Ob ihre Entscheidung die Mutter schlaflose Nächte gekostet hat, weiß Eivør nicht. Anzunehmen ist es: Ihre Mutter ist Lehrerin.

Bereits mit dreizehn trat Eivør im färöischen Fernsehen auf, als sie sechzehn war, erschien ihre erste CD. Aber eigentlich hatte ihre Karriere schon viele Jahre zuvor begonnen – und zwar auf dem Friedhof. Eine Beerdigung war der erste öffentliche Auftritt für die kleine Eivør. Bald erweiterte sie ihr Repertoire und sang auch auf Hochzeiten. Sie lacht, wenn sie das erzählt, denn obwohl sie heute eine Inselberühmtheit ist, singt sie immer noch auf Beerdigungen und Hochzeiten. »So ist das eben bei uns, die Leute fragen dich und dann machst du es.«

Als eine der wenigen Musiker auf den Färöern kann Eivør von ihrer Musik leben. Von den anderen, die das tun, spielen die meisten alte Rocksongs nach und tingeln jedes Wochenende durch die Kneipen der Inseln. Eivør gibt nur selten Konzerte auf ihrer Heimatinsel. »Ich muss mich ein bisschen rar machen«, lacht sie, »sonst hören sich die Leute satt an meinen Liedern.« Zumindest zurzeit besteht diese Gefahr aber nicht, denn Eivør verkauft auf den Färöern von jeder CD sieben- bis achttausend Stück. Damit liegt sie regelmäßig an der Spitze der Charts – schon für fünftausend verkaufte Silberscheiben wird man mit einer goldenen Schallplatte belohnt. Außerdem liegt Eivør auch in den isländischen Hitlisten ganz vorn. Und die große internationale Karriere hat sie ebenfalls geplant. Deswegen kam ihre neueste CD auch in zwei Versionen auf den Markt: »Mannabarn« heißt sie auf Färöisch, »Human Child« auf Englisch.

Egal wie berühmt man im Ausland ist, ein wirklicher Star wird man auf den Färöern nie. »Die Leute sind so ruhig hier und niemand belästigt einen auf der Straße oder will ein Autogramm«, sagt Eivør. Aber einen Nachteil nennt sie auch. »Jeder glaubt mich zu kennen«, sagt die Sängerin und erzählt, dass sie deswegen überall, wo sie auf den Inseln hinkomme, mit guten Ratschlägen überhäuft werde. »Wir gehören hier eben alle irgendwie zu einer Familie, deswegen sind wir ja auch ein bisschen sonderbar«, sagt Eivør und lacht ihr unwiderstehliches Lachen.

Mit ihren Liedern kommt sie bei den Jungen ebenso an wie bei den Älteren – fast jeder auf den Färöern ist Eivør-Fan. Es mache ihr einfach Spaß zu singen, sagt sie, und für sie gebe es keinen Unterschied, ob sie mit einer Rockband oder einem Sinfonieorchester auf der Bühne stehe. »Ich versuche, mit meiner Musik einfach ehrlich zu sein und das zu singen, was mir selbst Spaß macht und gefällt«, so Eivør.

Ihre Inspiration holt sie sich aus dem traditionellen Gesang des Kettentanzes. Der Tanz selbst ist einfach, alle Tänzer – oft sind es mehrere Dutzend – haken sich gegenseitig unter und bewegen sich im Rhythmus der Musik im Kreis. Doch es sind die Liedtexte, die Eivør ansprechen, denn sie erzählen von alten Geschichten und Sagen. Und daran sei sie schon immer interessiert gewesen, so Eivør. Schon als Kind habe sie alte Lieder geliebt. »Wenn wir draußen spielten und uns hinter hohen Steinen versteckten, sagte meine Mutter oft, ich solle nach Elfen suchen.« Und Eivør hat an die Elfen geglaubt und wirklich versucht sie zu finden. Vielleicht muss man wie sie in der Kindheit an Träume glauben, um sie dann als Erwachsener verwirklichen zu können.

R. K.

Blut im Fjord

Das Gift im Fleisch der Tiere könnte bald zum Ende des Grindwalfangs auf den Färöern führen

Geht es um den Walfang, verstehen die Leute auf den Färöern keinen Spaß. Da sind sich alle einig. Sogar Herr Johannesen und Herr Hoydal ziehen dann an einem Strang – was selten genug vorkommt. Denn der eine ist Ministerpräsident und der andere Führer der größten Oppositionspartei und im Normalfall Johannesens schärfster Kritiker.

Junge Männer stehen knietief im blutroten Wasser. Sie stechen mit langen Messern auf gestrandete Grindwale ein und ziehen die sterbenden Tiere an Land. Dort sehen Hunderte von Schaulustigen dem blutigen Spektakel zu. Wenn das Gemetzel zu Ende ist, liegen fünfzig, hundert oder mehr tote Wale am Strand.

Solch grausige Bilder sieht man auch bei uns in den Medien – spätestens dann, wenn den Färingern wieder einmal ein Fangerfolg beschieden war und sie mit ihren Booten eine Schule von Grindwalen in eine Bucht treiben und dort töten konnten. Solche Fänge gelingen im Durchschnitt zehn Mal im Jahr. In manchen Jahren, wie zuletzt 2008, bleibt das Fangglück aber ganz aus und kein einziger Grindwal wird getötet.

Und mit Glück hat der Walfang auf den Färöern in der Tat zu tun. Anders als beispielsweise in Norwegen oder Japan wird er hier nicht kommerziell betrieben. Es gibt keine professionellen Walfänger und auch niemanden, der von Berufs wegen nach Walen Ausschau hält. Die Grindwale werden zufällig entdeckt, von Freizeitfischern beispielsweise oder der Besatzung von Fährbooten. Deswegen werden rein statistisch auch die meisten Wale bei gutem Wetter und am Freitag oder Samstag gefangen – dann, wenn die Freizeitkapitäne mit ihren Booten auf dem Meer sind.

Wer eine Walschule sichtet, verständigt andere Fischer und den Walfangobmann des jeweiligen Dorfes, den *grindaformaður*. Früher zog man dazu als Signal ein Kleidungsstück am Mast hoch, heute erledigt man diese Aufgabe mit dem Handy oder über den Sprechfunk an Bord. Bis zur Mitte des 19. Jahrhunderts war es sogar Pflicht, eine Walsichtung zu melden. Wer dies nicht tat, machte sich strafbar. Diese Vorschrift wurde abgeschafft, nachdem sich die Fehlalarme gehäuft hatten. Um sich keinesfalls strafbar zu machen, meldeten viele Fischer auch dann Wale, wenn sie sich nicht sicher waren, welche gesehen zu haben. Oft stellte sich dann heraus, dass die vermeintlichen Wale spielende Seehunde, Bojen oder Spiegelungen auf dem Wasser gewesen waren.

Werden Wale entdeckt, gibt der *grindaformaður* die Nachricht überall im Dorf bekannt – am Walfang kann jeder teilnehmen. In den kleinen Dörfern vergeht nicht viel Zeit, bis alle Bescheid wissen. Und es dauert auch nicht lange, bis man in den Nachbardörfern und überall auf der Insel von der *grindaboð* erfährt, der Nachricht, dass man Grindwale gesichtet hat. Früher musste jedes Dorf einen trockenen Strohballen bereithalten. Wurde er angezündet, wusste jeder, der das Rauchzeichen sah, dass Grindwale vor der Küste aufgetaucht sind. Später im 20. Jahrhundert gab man im Radio den Standort der Wale durch, worauf jeder sofort seine Arbeit unterbrach und stehen und liegen ließ, was er gerade tat. Sogar Gott musste warten. Waren Wale in Ufernähe, beendete der Pfarrer die heilige Messe vorzeitig. Ein jeder lief, ritt oder fuhr so schell es ging zu dem der Sichtungsstelle am nächsten gelegenen Strand.

Ganz so extrem ist das heute nicht mehr. Doch wer ein Boot besitzt, beteiligt sich noch immer an der Jagd und hilft, die Tiere an den Strand zu treiben, und dort warten dann die Männer mit den Messern …

Weil der Walfang eine gemeinschaftliche Sache ist, sollen auch alle davon profitieren. Das Fleisch wird nicht nur unter jenen verteilt, die sich am Fang beteiligten, sondern alle aus dem Dorf der Walfänger erhalten ihren Anteil. Bleibt dann noch immer Fleisch übrig, werden die Bewohner der ganzen Insel bedacht. Damit wird bis heute sichergestellt, dass auch alte Menschen, Witwen und Bedürftige versorgt werden. In früheren Jahrhunderten waren die Walfleischrationen für Menschen, die sich nicht mehr selbst versorgen konnten, überlebenswichtig. So gesehen ist der Walfang auf den Färöern eines der ältesten Sozialsysteme der Welt.

Doch trotz des sozialen Aspekts lässt das gruselige Spektakel die Emotionen hochkochen. Internationale Walschutzorganisationen greifen die Färöer massiv an. Fünfzehn bis zwanzig Protestschreiben treffen täglich im Büro des Ministerpräsidenten ein, sagt dessen Sekretärin. »Wenn aber irgendeine Umweltschutzorganisation eine Aktion gegen uns startet, sind es viel mehr.« Der Pressesprecher ergänzt: »Manche drohen auch damit, die Färöer nicht mehr zu besuchen.« Und er fährt schmunzelnd fort: »Das hätten die meisten aber sowieso nicht gemacht.« Von Boykottmaßnahmen sei man kaum betroffen, dazu exportiere man einfach zu wenig, und viele färöische Waren sind im Ausland ohnehin nicht als solche erkennbar. Es passiere aber schon, dass Tierrechtsorganisationen zum Kaufverzicht von dänischen Waren aufrufen. Der Pressesprecher schmunzelt erneut und will damit wohl andeuten, dass ein solcher Boykott den Falschen trifft. Dänemark hat wegen der färöischen Autonomie keine Mitspracherecht, was den Walfang betrifft, und hätte auch keinerlei rechtliche Handhabe, diesen zu verbieten.

Das blutrot gefärbte Wasser und die vielen toten Walkörper, die nach der Jagd aufgereiht am Strand liegen, sind die besten Argumente der Tierschützer. Die grausigen Bilder verstellen aber auch den Blick auf die Realität. Bei den fünf bis sieben Meter langen Walen handelt es sich um keine bedrohte Tierart – knapp einhunderttausend Grindwale leben allein im Nordatlantik. Außerdem, so versichern die Fischer, sei die Tötungsmethode mit dem Messer, so barbarisch sie aussehen mag, für die Tiere relativ schmerzlos und führe innerhalb von dreißig Sekunden zu deren Tod. Die Färinger konfrontieren ihre Kritiker auch gerne mit der Gegenfrage, ob es Tieren, die in Massentierhaltung gehalten werden und die im Schlachthof endeten, besser gehe als den Grindwalen, die ihr Leben in Freiheit verbringen?

In früheren Jahrhunderten hätten die Menschen auf den Färöern ohne den Walfang nicht überleben können. Das Fleisch der fünfhundert bis tausend Wale, die jährlich erlegt wurden, war nötig, um den Nahrungsmittelbedarf zu decken. Auf den kargen Böden der Inseln wächst wenig, allenfalls ein paar Kartoffeln und etwas Rhabarber kann man anpflanzen. Das Fleisch der Schafe ist zwar eine Delikatesse, reicht aber bei Weitem nicht aus, um die Inselbevölkerung zu ernähren. Heutzutage können Lebensmittel importiert werden und so gesehen müsste man keine Wale mehr töten. Doch der Walfang hat Tradition und ist für die meisten Färinger bis heute Teil ihrer Identität. Immerhin werden seit dem 10. Jahrhundert auf den Färöern Grindwale gefangen.

Darüber hinaus galt Walfleisch lange als gesund. Høgni Hoydal erzählt, dass es in seiner Jugend eine wöchentliche Radiosendung gab, in der ein Arzt Gesundheitstipps verriet. Jede Sendung habe er mit den Worten geschlossen: »Nicht vergessen, Walspeck essen – denn das ist gut für Ihre Gesundheit.«

Genau diese Weisheit ist heute zweifelhaft. Und so sind es nicht die Proteste aus den Industrieländern, die dem Walfang schon bald ein Ende bereiten könnten, sondern die Tatsache, dass das Fleisch der Wale inzwischen so stark vergiftet ist, dass man es kaum noch essen kann. Man spürt die Verbitterung, wenn man darüber mit den Menschen auf den Färöern spricht. Hier versteht niemand, dass die Tierschutzorganisationen zwar den Walfang auf den Färöern anprangern, die Nationen aber, die die Meeresumwelt so sehr verschmutzen, dass die Wale langsam vergiftet werden, keine Boykottaufrufe fürchten müssen.

Tatsächlich ist Walfleisch schon lange nicht mehr gesund. In der Speckschicht der Tiere lagern sich Umweltgifte ein, und der Quecksilbergehalt in ihrem Körper ist so hoch, dass die staatliche Gesundheitsbehörde der Färöer davon abrät, regelmäßig Walfleisch zu essen. Für Frauen sollte nach Ansicht der Ärzte Walfleisch sogar ganz tabu sein, solange sie sich noch Kinder wünschen. Das vergiftete Walfleisch ist vermutlich auch der Grund, warum auf den Färöern doppelt so viele Menschen an Parkinson erkranken wie in den meisten anderen Ländern.

Als die zuständigen Ärzte die Empfehlung aussprachen, weniger Walfleisch zu essen, gaben sie dazu den folgenden Kommentar: »Wir sind sehr traurig, eine solche Empfehlung geben zu müssen. Der Grindwal diente den Färingern über viele Jahrhunderte und hat in dieser Zeit wahrscheinlich vielen Menschen das Leben gerettet. Aber die Zeiten und die Umwelt ändern sich, und deswegen meinen wir, dass diese Empfehlung medizinisch nötig ist.«

Auch Ministerpräsident Johannesen, der in seiner Jugend selbst beim Walfang mit dabei war, hat Walfleisch von der Speisekarte seiner Familie fast ganz gestrichen. Nur noch einmal im Jahr komme es bei ihm auf den Tisch, sagt er. Um völlig darauf zu verzichten, schmecke es eben doch zu gut.

R. K.

Gehen oder bleiben?

Auf den Färöern streitet man darüber, ob das Land unabhängig werden soll

Høgni Hoydal arbeitet in Dänemark. Trotzdem tut er alles dafür, dass er seinen Arbeitsplatz in Kopenhagen so schnell wie möglich verliert. Høgni Hoydal ist Parteichef der sozialistischen Republikanischen Partei und einer der beiden färöischen Abgeordneten im Parlament in Kopenhagen, und er kämpft für die Unabhängigkeit der Färöer von Dänemark.

Seit dem 11. Jahrhundert gehörten die Färöer zu Norwegen, durch die Kalmarer Union waren sie ab 1380 mit Dänemark verbunden, und das blieb auch so, als sich 1814 die Union auflöste. Bis Mitte des 20. Jahrhunderts gab es auf politischer Ebene keine ernsthaften Bestrebungen in Richtung Unabhängigkeit. Die Färöer waren weitgehend von den Zahlungen aus Dänemark abhängig, und es entwickelte sich auf den Inseln das Gefühl, ohne dänische Hilfe nicht überleben zu können. Im April 1940 besetzte Großbritannien die Färöer, um einer Invasion durch Nazideutschland zuvorzukommen. Ins dänische Mutterland waren zur gleichen Zeit Hitlers Truppen einmarschiert, und so war das Band zwischen den Inseln und dem Mutterland zerrissen.

Diese von außen aufgezwungene Trennung änderte das Selbstbild der Färinger. Da ihnen die Briten weitreichende Freiheiten zugestanden, setzte sich allmählich die Erkenntnis durch, dass die Inselgruppe auch ohne Dänemark überlebensfähig sein könnte. Als die Briten nach Ende des Zweiten Weltkriegs abzogen, waren die Färöer politisch gespalten. Dies kam auch 1946 in einer Volksabstimmung zum Ausdruck, in der sich völlig überraschend eine – wenn auch nur minimale – Mehrheit für die Ablösung von Dänemark aussprach. Da die Wahlbeteiligung relativ gering war und das färöische Parlament anders als die Bürger für den Verbleib bei Dänemark votierte, erkannte Dänemark das Abstimmungsergebnis nie an, gewährte den Inseln aber eine weitgehende Autonomie. Deswegen sind die Färöer beispielsweise auch nicht Mitglied der EU. Als Dänemark 1973 der Europäischen Gemeinschaft beitrat, weigerten sich die Färinger nämlich aus Sorge, die Selbstbestimmung über den Fischfang zu verlieren, ebenfalls diesen Schritt zu tun.

Die Färinger sind stolze Menschen. Sie lieben ihr Land und reagieren wie alle kleinen Völker allergisch, wenn sie das Gefühl haben, bevormundet zu werden – sei es von Dänemark, der EU oder auch einer Umweltschutzorganisation, die ihnen den Walfang verbieten will. Keiner solle es wagen, sich in die inneren Angelegenheiten einzumischen. Die wahren Freunde sind die anderen »Kleinen«. Nicht von ungefähr hat man die besten Beziehungen zu Island und Grönland.

Die Färinger sind stolz auf ihre eigene Währung, die föröische Krone, die allerdings mit einem Wechselkurs von 1:1 an die dänische Krone gebunden ist, ihre eigene Flagge und vor allem ihre eigene Sprache. Färöisch ist mit Altnordisch und Isländisch verwandt, und es ist noch nicht allzu lange her, dass man sich um die Weiterexistenz der Sprache hatte sorgen müssen. Für einige Zeit hatte es so ausgehen, als würde das Dänische an die Stelle des Färöischen treten. Diese Ängste gibt es heute nicht mehr, speziell die jungen Leute sind stolz auf ihre Herkunft und ihre »exotische« Sprache.

Am Nationalfeiertag, dem 29. Juli, versammeln sich Jahr für Jahr weit mehr als zehntausend Menschen – rund ein Viertel der Gesamtbevölkerung – auf dem alten Thingplatz am Hafen der Hauptstadt Tórshavn. Die meisten von ihnen tragen Tracht und überall weht die Nationalflagge – ein rotes blau gerändertes Kreuz auf einem weißen Hintergrund – im nie nachlassenden färöischen Wind.

Allerdings will nicht jeder, der stolz die färöische Fahne trägt, auch weg von Dänemark. Heute sind die Inseln in der »Dänemark-Frage« ebenso gespalten wie nach dem Zweiten Weltkrieg. Käme es erneut zu einer Abstimmung, wäre der Ausgang vermutlich genauso knapp wie damals.

Ginge es nach Kaj Leo Johannesen, müsste sich am Istzustand auch nichts ändern. Er ist Ministerpräsident der Färöer und gehört den »Unionisten« an, einer Partei, die den Verbleib bei Dänemark propagiert. »Small is beautiful«, meint er lächelnd, nur um dann hinzuzufügen, »but large is powerful«, und in einer Union mit Dänemark und Grönland sei man eben beides: schön und mächtig. Auch die Vergangenheit spricht laut Johannesen für die Fortsetzung des Bündnisses. Immerhin sei man schon über sechshundert Jahre mit Dänemark zusammen, und das war bis jetzt sehr positiv für die Färöer. Auch die aktuelle Weltwirtschaftskrise spiele den Unionsbefürwortern und damit seiner Partei in die Hände, meint er: Seit Islands Staatsbankrott seien die Leute in der Frage der Unabhängigkeit vorsichtiger.

Der ehemalige Fußballnationaltorwart und Fischgroßhändler ist erst seit Kurzen im Amt. Es könnte sein, dass er es auch nicht lange bleibt. Schuld daran wäre die Frage der Unabhängigkeit. Im Wesentlichen gibt es auf der Insel vier große Parteien – zwei links- und zwei rechtsgerichtete. In der Dänemark-Frage sind aber die beiden Lager in sich gespalten – das heißt, dass die Parteien, die sich in anderen Fragen politisch nahestehen, beim Thema Unabhängigkeit völlig unterschiedliche Ansichten haben. Deswegen tragen Koalitionen auf den Färöern immer die Möglichkeit des schnellen Scheiterns in sich.

Müsste Johannessen seinen Stuhl räumen, wäre Høgni Hoydal sein wahrscheinlicher Nachfolger. Er ist der Vorsitzende der größten Oppositionspartei, deren Name im Ausland meist als »Republikaner« wiedergegeben wird. Da man spätestens seit George W. Bush hinter diesem Etikett eine erzkonservative Politik erwartet, ist das Label irreführend – die Republikaner stehen im färöischen Parteienspektrum nämlich am weitesten links. Wörtlich übersetzt würde Hoydals Partei »Partei für die Macht des Volkes« heißen. Das klinge zwar sperrig, gibt Hoydal zu, gebe aber das Wesen der Partein durchaus korrekt wieder.

Hoydal betont, dass seine Republikaner keine nationalistische, sondern eine internationalistische Partei sei, die die Loslösung von Dänemark will, um dann als unabhängiges und tolerantes Land an der Weltpolitik teilnehmen zu können. Die dänische Alimentierung beschränke die Eigenverantwortung, sagt Hoydal, der dem Mutterland auch unlautere Motive unterstellt. Zwar tue man in Kopenhagen so, als hätte man gegen die Unabhängigkeit der Färöer keine Einwände. In Wahrheit fürchteten die Dänen aber genau das, ist Hoydal überzeugt. Dann nämlich wäre ein Präzedenzfall für Grönland geschaffen: Die größte Insel der Welt wolle Dänemark aber auf jeden Fall behalten. Durch die Klimaerwärmung und das abschmelzende Eis werden dort Bodenschätze, unter anderem auch Erdöl, zugänglich, die man bisher nicht abbauen konnte. Ein neuer Reichtum, an dem auch Dänemark seinen Anteil haben wolle. Auch im Meer vor den Färöern ist man schon auf Öl gestoßen, allerdings noch nicht in Mengen, die den Abbau rechtfertigen würden. Dass in Zukunft vielleicht auch hier mit Erträgen zu rechnen sei, bilde, laut Hoydal, einen weiteren Grund für Kopenhagen, an den Färöern festzuhalten.

Doch der Weg in die Unabhängigkeit scheint noch weit. Nicht wegen der starken Widerstände aus Dänemark, sondern, im Gegenteil, weil die dänische Regierung den Färöern weitgehende Freiheiten lässt und sich nicht in die Inselpolitik einmischt. Viele Färinger können deswegen mit dem Istzustand gut leben und haben nichts dagegen, wenn neben der eigenen Nationalflagge, dem *Merkið*, auch der Danebrog weht.

R. K.

Der Strandhafer kann Islands Erdkrume halten

Natur und Literatur im unwirtlichen Norden

Die Sonne scheint, der Wind rauscht in den Blättern des Wäldchens. Die Reisegruppe liegt genusssüchtig im Gras, mit Blick auf bizarre Tuffsteinfelsen im blau blitzenden Wasser des Mývatn. Kaum einer hatte gehofft, dass der Spätsommer in Island so sonnig sein würde, kaum einer gewusst, dass es auf Island überhaupt Wälder gibt. Alle finden's wunderbar – aber Jón, der Reiseleiter, brummelt. Augenscheinlich passt ihm etwas nicht. Was das für Bäume seien, fragen wir ihn. Alaska-Kiefern und sibirische Lärchen, sagt Jón kurz angebunden, und das ist sonst so gar nicht seine Art. Am Tag zuvor hörte er gar nicht mehr auf mit Erklärungen, wusste auf Deutsch die Namen aller Pflanzen, nach denen wir fragten, und noch viele mehr. Am Tag zuvor, als wir nach einem Spaziergang über das aus den Spalten noch schwefelig atmende Lavafeld der Krafla wieder auf festen, alten, bewachsenen Boden traten, da sollten wir uns bücken, um die Bäume anschauen zu können: Zwergweiden, Zwergsträucher; nur Zentimeter hoch wird dieser isländische Bonsai-Wald, was ihn nicht hindert, ein farbenprächtiges Herbstkleid anzulegen. Besonders apart macht sich das im Kontrast zu schwarzen Lavafeldern.

Gesprächig war Jón auch bei der Fahrt übers Hochland; in seinem komfortablen Allradwagen wogten wir wie in einem Schiff über die öde Weite des Landesinneren. Öde nur dem flüchtigen Blick. Jón erzählte von den Zeiten, als Island rundum bewaldet war, bis auf vierhundert Meter Höhe. Dort fängt auf Island das Hochland an. Früher gab es im Landesinneren ausgedehnte Weideflächen, kahl gefressen durch Schafe und Pferde. Er machte uns auf regelmäßige grüne Streifen aufmerksam, die sich parallel über die steinigen Hügel hinzogen, Land art von Künstlerhand. Begrünung vom Flugzeug aus, um aus der Steinwüste wieder Weiden wachsen zu lassen.

Oder an jenem Tag, als wir zu dem Wasserfall Aldeyjarfoss hinunterstiegen. Es regnete, von unserem Aussichtsplatz aus machten wir nur ein paar schnelle Fotos von schwarzen und weißen Säulen: Von den eckigen Basaltpilastern, denen die Kraft der herabstürzenden weißschaumigen Wassersäulen all die Jahrtausende nichts hatte anhaben können. Die struppigen Gräser, die aus den schwarzsandigen Hügelchen ragten, wären uns gar nicht aufgefallen. Strandhafer, begeisterte sich Jón. Das Beste, um den Boden festzuhalten. Auf der Weiterfahrt übers Hochland entdeckten wir ganze Felder dieser anspruchslosen Pflanze. Daneben weideten Schafe und Pferde, gemeinsam. Vom Hafer trennte sie Stacheldrahtzaun, büschelweise hingen an diesem weiße Wollfetzen, an denen der Wind heftig zerrte. Die Pferde, von denen manche nicht sehr viel größer waren als die Schafe, schienen gar nichts zu sehen. Die Zottelmähne hing ihnen über die Augen.

Jón wusste viel über Islands Tiere und Pflanzen, im Sommer arbeitet er als Reiseleiter, eigentlich ist er Grafiker und Naturschützer. Wenn Jón nicht von Flora und Fauna sprach, dann von den Bewohnern Islands, von dreihunderttausend sichtbaren und all den anderen. Glaubt man Jón – wobei wir nicht herausfinden konnten, ob Jón selber daran glaubte –, ist Island, das uns bei der Fahrt übers Hochland so menschenleer erschien, ziemlich dicht bevölkert. Elfen, Trolle, Wiedergänger … und nicht zu vergessen die Götter der »Edda«.

Jón kannte Geschichten, die bis in die Zeit der Besiedelung Islands um die Jahrtausendwende zurückreichten. Auch diese älteste Vergangenheit scheint für Isländer nicht lange zurückzuliegen, Jón kann seinen Stammbaum zurückverfolgen bis in die Zeit um 700, bis nach Norwegen. Im Halbschlummer und hinter den vom Regen und aufspritzendem Wasser verschmutzten, blickdichten Autoscheiben vermischten sich für uns Sagas, Sagen, Märchen und Schauergeschichten. Zumal sich all das bei Jón nicht anders anhörte, als wenn er von Gräsern und Grasmücken sprach. Uns gruselte ein bisschen. Dass auch wir schon als Kinder isländische Literatur gelesen hatten, fiel uns wieder ein, als uns Jón das Haus von Jón Svensson in Akureyri zeigte. Mit seinem jugendlichen Romanhelden Nonni hatten wir nägelkauend vor Aufregung Abenteuer auf Island überstanden, erstmals von Vulkanausbrüchen, Eisbären und kämpfenden Stieren erfahren.

Viel hat uns Jón erzählt, von Trollen und Elfen und versteckten Leuten, die in Felsen wohnen, von Natur und Literatur. Und endlich rückt er damit heraus, was er gegen dieses Wäldchen am Mückensee hat. Importierte Gewächse seien das, das Geld wäre viel besser angelegt in Strandhafer und in den Samen, die aus den Flugzeugen übers öde Hochland regnen. So findet er auch die Aktion »Pflanze einen Baum in Island« nicht sinnvoll. Und dann kolportiert er noch eine Bosheit über den »Wald der Freundschaft«. Dort, neben dem *Alþing*-Platz, pflanzen Staatsbesucher einen Baum, wenn sie nach Island kommen. »Der Platz ist für einen Wald gar nicht geeignet«, grinst Jon. Jedes Frühjahr, wenn die Winterstürme durch diese hohle Felsengasse gefegt sind, muss neu aufgeforstet werden. »Der Gorbatschow ist eingegangen«, heiße es dann, zum Beispiel.

B. S.

Schluss jetzt mit dem Wetter

Reiten oder ins Gewächshaus – Urlauber auf Island haben viele Möglichkeiten

Eine Stunde schon reiten wir hier. Das Land liegt in stumpfen Farben da. Den Himmel bleigrau zu nennen, würde ihn farbintensiver machen, als er ist. Er ist grau. Aber so genau kann man es nicht erkennen, weil man dazu die Augen richtig öffnen müsste. Das geht schlecht, weil dann Regen hineinliefe. Es ist nicht einer dieser dramatischen Weltuntergangsregengüsse, die Islands Südküste manchmal überrollen, sondern nur Nieselregen. Wind weht uns die Nässe in den nackten Nacken. Für die Pferde scheint es keinen Unterschied zu machen, unbeirrt schreiten sie durch Moos und Sumpf und über holprige Lavabrocken. Sie sind klein, tapfer, unerschrocken und trittsicher.

Eine Stunde schon reiten wir so dahin. Wir sehen nicht wirklich aus wie sportliche Reiter, eher wie die berittene Müllabfuhr in unseren knallorangefarbenen Regenüberzügen, den einzigen Farbtupfern im graugrünen Hinterland. Nach einer Stunde sagt Sofia: »Wir haben echt Glück, das Wetter ist gar nicht so schlecht.« Das ist kein Anfall von isländischem trockenen Humor, falls es das überhaupt geben sollte: Etwas typisch Isländisches, das zugleich trocken ist. Immerhin, sagt Sofia, wüte doch kein Schneesturm, den es ja auch zu fast jeder Jahreszeit geben kann. Nach einem Ritt im Schneesturm fühle man sich toll, sagt sie, und betont das »nach«. Auf dem Reiterhof Eldhestar gelte der Grundsatz: Solange die Gäste nicht absagen, wird geritten. Sie töltet los, unsere Pferde tölten hinterher. Das ist die spezielle hoppelnde Gangart der Islandpferde, für Reiter bequemer, als es aussieht. Denn es sieht aus wie eine Zirkusnummer. Nicht wie die von der Spanischen Hofreitschule, und auch nicht wie akrobatische Indianer-Reitspiele, sondern wie die Lachnummer, in der Hasen auf trippelnden Pferderücken durchgeschüttelt werden. Die Hasen sind wir.

Sofia trägt ein derart sonniges Gesicht durchs Leben, dass das äußere Wetter keine große Rolle spielt. Um mit Pferden zu arbeiten, kam die junge Schwedin nach Island. »Ich kam hierher und kannte mich nicht aus mit Islandpferden«, erzählt Sofia. »Kein Problem, das kriegen wir schon hin«, habe der Reithofbesitzer gesagt. So sei das Leben in Island, nach Möglichkeiten, und nicht nach Vorschriften, ausgerichtet. Für Pferde hingegen ist Island so etwas wie eine Gefangeneninsel, isländische Pferde dürfen ihre Heimat nie verlassen. Tun sie es doch, und sei es nur zu einem Turnier, dürften sie nicht wieder zurück, wegen der Seuchenbekämpfung.

»Ja, ich habe ein Pferd«, sagt die Neunundzwanzigjährige, und was wie die Erfüllung eines

Jungmädchentraums klingt, sei hier auf Island »nix«. Manch Isländer habe zweihundert Pferde, das sei nichts Besonderes. Siebzigtausend Pferde grasen auf Island, eine ganze Menge, wenn man bedenkt, dass unlängst gerade der dreihunderttausendste Einwohner geboren wurde, in Njarðvík an der Südküste, wo auch die Pferde gezüchtet werden. Auf Deutschlands Bevölkerung gerechnet bedeutete das: Durch märkischen Sand und bayerische Berge würden neunzehn Millionen Pferde »galoppeln«.

Islands einheimische Tierwelt war karg, als norwegische Wikinger im 9. Jahrhundert die Insel besiedelten. Es gab nur Füchse und Vögel, die Wikinger brachten Haustiere, Rinder, Schafe und bald auch Pferde nach Island. Die sorgten dafür, dass im Laufe der Jahrhunderte die Flora karg wurde. Früher überzogen ausgedehnte Weideflächen das Landesinnere, Schafe und Pferde fraßen sie kahl. Und wenn die Neubürger mal wieder übers Meer wollten und Schiffe bauten, holzten sie die Wälder ab.

Der katastrophale Vulkanausbruch des Laki im Jahr 1783 zerstörte die Landwirtschaft. Ascheregen machte die Böden kaputt, Vieh starb an Vergiftungen, Hungersnöte breiteten sich aus. Da beschlossen die Isländer, das genügsamste Tier des Nordens einzuführen: Das Rentier. Keine schlechte Idee, nur hätten sie die Hirten mitimportieren sollen. Die Kombination aus isländischen Bauern und herumziehenden Rentierherden funktionierte nicht. Schon bald verwilderten die Tiere. Es gibt heute etwa fünfhundert Stück, sie grasen in den Ostfjorden und sind nun Jagdwild. Es konnte gar nicht gehen, ist doch bis heute so mancher Isländer stolz darauf, seit Snorris Zeiten auf demselben Hof zu hocken.

Snorri Sturluson, geboren 1179, schrieb die »Snorra-Edda« auf – und alle kannten sie bald. Denn in dieser unwirtlichen Gegend, am Nordrand der Welt, lebte im Hochmittelalter ein Volk von Schriftkundigen. Wie literarische Salons steigen aus unserer Fantasie die Bauernhöfe der Vergangenheit empor, wir sehen vor uns in den langen Wintern in den langen, dunklen Nächten die Menschen an Tischen aus sibirischem Treibholz sitzen, die Wände ihrer Häuser aus geschichtetem Torf düster und feucht, eine Kerze flackert, eine Feder kratzt. Der Hofherr, *goði* genannt, vollendet die feinsäuberliche Abschrift des Gesetzbuches. Schließlich, Zeit hatten sie ja. So gab es also auf jedem großen Hof jemanden, der lesen und schreiben konnte, und es gab auf jedem großen Hof eine Abschrift des Gesetzbuches. Wenn sie sich dann alljährlich im Süden Islands zum *Alþing* trafen, zur großen Staatsversammlung, brachten die *goðar* ihre eigene Ausgabe des Kodex mit. Durch Wind und Wetter schafften sie das Buch heran, auch die, die zur Thingstätte über die ganze Insel reiten mussten, hindurch durch Ódáðahraun, die Missetäterwüste, so genannt, weil sich dort die Verbannten aufhielten. Dann weitergeprescht, gesprengt, das Pferd zuschanden geritten in Sprengisandur, der

Hochebene westlich vom riesigen Gletscher Vatnajökull. Das nämlich heißt Sprengisandur: das Pferd zuschanden reiten.

Dann war es aber wieder gut mit dem Herumreisen, zurück auf den Hof! Isländer waren schollengebunden, sie waren einmal übers Meer gefahren und hatten sich dann am besten gar nicht mehr bewegt. Außer wenn einer Randale machte und des Landes verwiesen wurde. Halbnomadisches Herumziehen, wie es die Samen mit ihren Renherden in Nordskandinavien praktizieren, musste ihnen verwegen erschienen sein.

Die Zeiten ändern sich freilich. Reykjavík zählt hundertachtzigtausend Einwohner, die entlegenen Höfe aber entvölkern sich. Reykjavík vibriert, nicht weil es wie die ganze Insel auf der Sollbruchstelle der Erdkruste liegt, sondern weil die jungen Isländer ihre Hauptstadt erobern, Autocruisen nach Mitternacht zählt zu ihren Hauptvergnügen, einer fährt, die anderen trinken. Auch deswegen haben viele Isländer zwei oder gar drei Jobs; Island war immer schon sogar für Isländer teuer, auch vor der Finanzkrise. Die zahlenverliebte Reiseleiterin arbeitet auch im Statistischen Landesamt, was uns nicht wundert, und der freundliche Jeepfahrer, der sich nach beängstigenden Geräuschen in einen Monteursanzug hüllt, sich ohne Zögern unter den Allradwagen wirft und eine Getriebewelle ausbaut, ist eigentlich Goldschmied. »Wir zahlen 24,5 Prozent Mehrwertsteuer«, weiß die Reiseleiterin, dafür nur sechzehn Prozent auf Grundnahrungsmittel. Bier gehört nicht zu Letzteren, ein kleines Bier kostet sechs Euro in Reykjavíks Kneipen. Der Schnaps zum Aufwärmen nach der Reittour heißt *brennivín*, ist unbezahlbar und schmeckt wie Brennspiritus.

Nach der Reittour bringt uns der Jeep zum Golden Circle, der beliebtesten Runde im Süden Islands, die Island-an-einem-Tag-Tour. Wir sehen den historischen Versammlungsplatz Þingvellir, genau im Graben der auseinanderdriftenden Kontinentalplatten gelegen, eine junge Frau in einem bodenlangen roten Kleid schreitet durch die Schlucht, ihr Begleiter in schwarzem Outfit macht den Gothic-Eindruck perfekt. Fast gespenstisch, dass sie auch noch in einer Sprache reden, die sich seit tausend Jahren fast nicht geändert hat. Isländer können bist heute ohne Übersetzung die »Snorra-Edda« lesen. Deutsche täten sich, etwa mit dem Nibelungenlied aus derselben Zeit, schwerer.

Auch in Þingvellir regnet es, aber damit soll es nun genug sein mit meteorologischen Betrachtungen, denn Wetter ist auf Island kein Thema. Als wir auf dem Gletscher eine Motorschlitten-Tour unternahmen, knallte die Sonne aufs Eis und in die Augen, und eines Morgens hörte man Donnergrollen. Es gibt auf Island immer von allem und das fast jeden Tag – tropische Temperaturen mal ausgenommen. Wobei es wärmer ist, als mancher denkt, schon der inselumspannenden Fußbodenheizung wegen, der Geothermal-Wärme, die Quellen anheizt und an Geysiren zum Dampfkochtopf wird. Und umspült wird die nordische Insel vom klimatisch gar nicht arktischen Meer, das der Golfstrom wie ein Tauchsieder erwärmt. So betragen die sommerlichen Durchschnittstemperaturen etwa fünfzehn Grad, so warm kann es aber auch mal im Februar werden. Mal regnet es, mal nicht, mal scheint die Sonne, mal nicht.

Aber nun sitzen wir unterm Regenbogen des Gullfoss und haben den Wasserfall, die Gischt und das Toben ganz für uns allein. Islands Erde atmet Donner, Hölle und Urgewalten, Wasser schäumt weiß in den schwarzen Schlund von Lavagestein, vereister Nebel liegt auf Grashängen. Wasser fällt und steigt auf, als wäre die Schwerkraft aufgehoben, ein Tosen und Toben, als würde ein Gott seit Jahrtausenden zürnen. Nichts Versöhnliches, nichts Liebliches bietet Island als Trost an. Vielleicht eint deshalb die Isländer der Hang zum Kuschligen, zu Puppenstubenhäusern und zum Licht, das in Wohnzimmerfenstern steht und hinausleuchtet in die raue Natur.

Ein Rasthaus an der Ringstraße will uns der Fahrer noch zeigen, es gilt als Sehenswürdigkeit. Es ist in einem großen Gewächshaus untergebracht, in dem Palmen stehen und Philodendren, Rosenstöcke, kleine Bäume sogar. Abzocke, meutern Reisende, ob der Fahrer Prozente bekomme, wenn er hier anhalte. Sie verstehen nicht: Auf Island ist das eine Attraktion. Hier drinnen ist es warm, und es wächst anderes als Strandhafer und Alaska-Lupine. Hier gilt einmal mehr: Was dem Einheimischen eine Sehenswürdigkeit, ist für den Besucher oft genau das nicht. Wer will schon im Oman einen dünnen Wasserlauf sehen, den sie Bach nennen, wo doch die Wüste der Grund ist, warum der Tourist in das ferne Land reist? Doch der Einheimische hat die Wüste alle Tage vor der Nase, ihn dünkt sie banal. Wie dem Isländer seine wilde Insel.

B. S.

Earth, wind and fire

In, auf und über Island

»Für ein Mädchen nicht schlecht«, sagt Robert. Anette hat den Land Rover samt sieben Meter langem Anhänger rückwärts gewendet. Robert hat einen Scherz gemacht – denn Anette ist nicht der Typ Frau, den Beifahrer ungestraft schräg anquatschen. Robert ist Ballonpilot und möchte auf dieser Pioniertour testen, ob Island sich für Ballonreisen eignet. Immer wieder lässt er Versuchsballons steigen, gasgefüllte Kindergeburtstagsluftballons. Einer treibt aufs Meer hinaus, einer zieht auf den Gletscher, und einmal muss Robert vor dem Angriff der Skuas zurück ins Auto fliehen; die isländischen Raubmöwen verteidigen ihr Brutgebiet mit Verve. Keine guten Bedingungen für einen bemannten Start. Zumal sich das Islandtief einfach nicht auf seinen Weg zum Kontinent machen will. Es hängt über dem Vatnajökull, Europas größtem Gletscher, saugt sich fest an den wüstenhaften Ebenen des Landesinneren, stülpt sich über die ausgefranste Küstenlinie, überschwemmt uns, bläst uns die Ohren voll und lässt die Knochen klappern. Vor allem aber hindert es uns, das zu tun, weshalb wir nach Island gekommen sind. Denn was Anette auf dem Hänger hinter sich herzieht, sind wunderbare

Sportgeräte: Mountainbikes und Kajaks. Und im zweiten Hänger ruht ein Heißluftballon.

So vom Wind durchgeschüttelt, verplätschern wir einen Nachmittag in der Blauen Lagune. Ein euphemistischer Name für ein Bad im Abwasser eines Kraftwerks, aber schließlich gibt es keine sauberere Energiequelle als die Geothermik. Vor der surrealistischen Kraftwerksanlage schmieren wir uns im warmen, leicht schwefeligen Wasser gegenseitig Schlamm ins Gesicht; Peeling auf isländische Art.

An einem anderen Tag fahren wir an einem mäandernden Fluss entlang. »Wir paddeln«, funkt Robert ins zweite Auto. Ruckzuck sind die Kajaks vom Hänger geladen, die Neoprenanzüge ausgepackt. Zwei wagen sich mit stabilen Seekajaks hinaus, der Fotograf schubbert mit seinem minkwalförmigen Ungetüm los, in das die gesamte Fotoausrüstung passt, zwei tapfere Recken stechen mit schnittigen Wildwasserkajaks hinaus. Einer will stromschnellenaufwärts paddeln – und schwupps. Das Kajak kippt, ohne Neoprenanzug wäre das gewiss kein Spaß, auch so scheint er sich in Grenzen zu halten.

Feuer, Erde, Wasser, Luft – Island wirft mit den Elementen nur so um sich. Zum Greifen und Begreifen nah, körpernah. Feuer: Im Krafla-Gebiet knirscht unter unseren Sohlen metallisch schillernde Lava – ganz frisch! 1984 spuckte der Leirhnjúkur vor sich hin, mimte für Erdaltersekunden den feuerspeienden Berg. Wenn man mit den Händen in den schmirgeligen Steinen gräbt, atmet der Boden Wärme aus. Wie dick wohl die Erdkruste über dem Feuer ist, auf der wir hier spazieren?

Erde. Stundenlang fahren wir durch schwarze Lavawüste. Herrlich monochrom. Unterbrochen von Quellmoos, das quietschgrün jedes Wasserläufchen begleitet. Die Hügel sind überzogen von saftigem Weidegras, grün auch die Bulten, vom Frost aufgeworfene Wiesenfurunkel, und auf alten Lavafeldern liegt Moos wie Grünflächen einer Modelleisenbahn. Aber mit Schwarz-Grün-Malerei begnügt Island sich nicht, in Landmannalaugar treibt es die Erde bunt. In Sommernächten bleibt es hell, ich wandere um Mitternacht los, um Obsidian zu suchen, glasartige Lava. Der Weg führt an der schwarzen Stirn eines Lavafeldes entlang in ein braunes Flussdelta, vorbei an einem grünen Berg, wie Kreide bröselt es aus der Wand. Bald folgt ein roter Abschnitt, dann ein gelber, Rhyolith nennen Geologen diesen Malkasten der Erde. Schwarze Steine gibt es ohne Ende, aber nicht glasreine. Frisch zerschmetterte Brocken zeigen messerscharfe Schnittkanten, bizarr schön. Die Taschen von Jacke und Hose beulen aus, vollgestopft mit Musterexemplaren. Mittlerweile färbt sich der Himmel blutrot. Abendrot oder Morgenrot? Ohne Uhr ist man in Island zeitlos. Kein Mensch ist unterwegs, die grandiose Einsamkeit dieser Urweltlandschaft berauscht, man möchte immer nur weitergehen. Verführerisch. Ich stolpere, den Weg hab ich längst verlassen. Wenn ich hier hinfalle – gute Nacht. Rückzug. Vor dem Zelt schütte ich Steinhäufchen auf. Leider überfällt uns am nächsten Morgen eine widerliche Mückenplage. Müsli wird auf- und abgehend verspeist, hinsetzen und Kaffee trinken wäre unmöglich. Überstürzter Aufbruch, ich vergesse meine Steine.

Wasser. Island ist das Baby unter den Erdenbürgern, ein Schorf auf der Oberfläche: Die auseinanderdriftenden Kontinentalplatten reißen am Mittelatlantischen Rücken immer wieder auf, aus der Wunde speit Magma – und Island wächst. Wasser hatte noch keine Zeit, tiefe Canyons ins Gestein zu graben und so springt es von Stufe zu Stufe. So viele Wasserfälle! Einmal lugt kurz die Sonne heraus, neben der Straße hüpft ein Bach eine kleine Schlucht hinunter, purzelt durch schwarze Lavabecken, turbelt und gurgelt. Wie nix baden drei Frauen nackt im Gletscherbach – Imponiergehabe funktioniert nicht nur bei Männern. Danach im Windschatten, in der Sonne, auf den schwarzen Lavafelsen liegen – das ist schön.

Feuer, Erde, Wasser und Luft: Als wollte er die Elemente besiegen, steht Robert am Kraterrand. Regelmäßig und flammend rot steigen die Kraterwände empor, hundertfünfzig Meter tiefer liegt ein See. Rund um den See ist der Boden flach. »Da unten starten wir. Ein Kraterstart im Land von Feuer und Eis!« Ist er verrückt geworden?

Routiniert gibt er Anweisungen für den Ballonstart. Er lässt weitere Versuchsballons steigen: Über dem Boden herrscht Nordwind, in der Höhe auf Nordwest drehend. »Optimal«, sagt Robert. Übersetzt heißt das: Der Wind wird den Ballon in die Richtung tragen, die Robert haben wollte. Wo er landen möchte, werden keine Hochspannungsleitungen, Seen, Gletscher, Meere oder brodelnde Vulkane auf die Luftfahrer warten.

Fitzcarraldo auf Island. Wir tragen kein Schiff über den Berg, sondern einen Heißluftballon den Berg hinunter. Das heißt: Wir schleppen vier große Gasflaschen, einen zentnerschweren Korb, Brenner, Funkgeräte, Pilotentasche und anderes Zeugs zum Kratersee. Die Hülle liegt schlaff auf der Erde, am Boden des Kraters. Der Ventilator wird angeworfen, bläst Luft und Luft und Luft hinein. Allmählich wird sie dicker, zeigt Farben, richtet sich auf. Robert zündet den Brenner. Mit Getöse fährt der Feuerstrahl in den Ballon. Der Luft wird es heiß und heißer. Sie will da raus, will hinauf. Anette steigt in den Korb. Robert feuert weiter. Der Fotograf klettert hinein. Robert feuert weiter. Der Korb ist voll. Wir spurten die steilen Lavahänge hoch, um möglichst viel zu sehen. Dann hebt der Heißluftballon ab. Langsam. Die tiefstehende Abendsonne reicht nicht mehr bis zum Kraterrund hinein. Dort unten ist es schattig, dunkel. Der Ballon steigt. Die Sonnenstrahlen fallen auf seine Kuppe, bald ist er halb, dann ganz in die Sonne hinaufgetaucht, die Ballonhülle erglüht farbig vor der roten Kraterwand. Schließlich steigt der Ballon aus dem Krater empor, Himmelfahrt, als würde er die Erde verlassen, nur getragen von Wind und Feuer.

B. S.

Heringsschwärme und Fuchsschweife am Himmel

Ein Hamburger Maler hat auf den Lofoten sein Lieblingsmotiv gefunden – das Nordlicht

Der Himmel über Svolvær glüht rot, grün und blau. Christian-Ivar Hammerbeck steht in seinen dicken Parka gehüllt am Hafenbecken und genießt das Farbenspiel: »Wahnsinn – so schön wie heute war es schon lange nicht mehr«, schwärmt er über das Polarlicht, das über den nordischen Winterhimmel wabert.

Im Gegensatz zu mir hat Hammerbeck dieses Naturschauspiel schon Hunderte Male gesehen. Der gebürtige Hamburger ist Maler und lebt seit mehr als zwanzig Jahren auf den Lofoten. Das Nordlicht ist für ihn immer wieder eine Quelle der Inspiration – und ein Motiv für seine Malerei. Schon früh hat der ehemalige Waldorfschüler seine Vorliebe für das Malen mit Wasserfarben entdeckt – und die sind das ideale Medium für Nordlichtmaler wie Hammerbeck: Denn wie das Licht am Himmel zerfließt die Farbe auf dem Papier.

Nie gleicht ein Nordlicht dem anderen. Mal begnügt es sich bescheiden mit einer Ecke des Himmels, dann wieder nimmt es fordernd das ganze Firmament ein. In der einen Minute verharrt es ruhig und unbeweglich, nur um sich wenig später wie eine wild flackernde Feuersbrunst über den Himmel auszubreiten.

In der Zeit zwischen November und März flirren Polarlichter fast täglich über den Himmel. Für Physiker sind sie nur elektrisch geladene Teilchen des Sonnenwindes, für die Norweger des Nordens der Farbtupfer in der langen Winternacht – und für die Finnen ein »Fuchsschweif« am Firmament. Einer samischen Legende zufolge entsteht das Nordlicht, wenn ein Fuchs mit seinem Schwanz über die Schneewehen peitscht, sodass die Funken – die Nordlichter – sprühen. Weniger poetisch sehen es die Japaner. Sie glauben, das Nordlicht zu beobachten stärke die Manneskraft – und dass ein unter dem Nordlicht gezeugtes Kind besonders schön und klug wird. Der Tourismusbranche Norwegens kann's recht sein: Im Winter sind im Norden auffällig viele Japaner unterwegs.

Die Lofoten, eine Inselgruppe aus über achtzig Inseln, liegen weit im Norden, zwischen hundert und dreihundert Kilometer nördlich des Polarkreises. Anders als erwartet ist dort das Klima nicht arktisch kalt, sondern dank des Golfstroms, in dem die Inseln wie in einem warmen Wasserbad liegen, erstaunlich mild. Natürlich fällt auch hier das Thermometer im Winter häufig unter null. Doch Temperaturen von minus zehn oder gar minus zwanzig Grad, wie sie im Landesinneren Norwegens normal sind, sind hier selten.

Trotzdem beginnt auch der nordlanderprobte

Maler langsam zu frösteln. Er mummelt sich noch weiter in seinen Parka ein und stapft zu seinem Kleinwagen, mit dem er sich auf den Heimweg durch die nordische Nacht macht. Die ist inzwischen wieder in tiefes Dunkel versunken. Denn nicht nur was die Form, sondern auch was die Länge seiner Auftritte betrifft, ist das Nordlicht ein launischer Begleiter.

Hammerbeck wohnt zwei Autostunden von Svolvær entfernt, der mit viertausend Einwohnern größten Stadt der Inselgruppe. In seinem Heimatdorf Digermulen stehen nur eine Handvoll Häuser – Farbpunkte zwischen dem Hausberg Digermulkollen und der Nordsee. Der Berg ist nur gut fünfhundert Meter hoch und nimmt sich in der Landschaft der Lofoten bescheiden aus. Doch jedes Jahr im Sommer ist er das Ziel einer Wanderung. Dann feiert ganz Digermulen den »Kaisertag« und zieht die Hänge hinauf. 1889 war nämlich der deutsche Kaiser Wilhelm II. hier mit seiner Jacht gelandet. Seine Majestät war so begeistert, dass er mehrmals auf die Lofoten zurückkehrte und damit gleichsam den deutschen Norwegentourismus erfand. Auf seinen Spuren waren nämlich schon bald viele seiner Untertanen unterwegs.

Hammerbeck ist jedes Jahr bei der Besteigung mit dabei, doch jetzt, im Winter, schaut er sich den Berg lieber von unten an. Das ist auch anzuraten, denn sein verschneiter Gipfel macht trotz der vergleichsweise geringen Höhe keinen einladenden Eindruck.

Zu Hause angekommen, schält sich Hammerbeck aus seiner Winterkleidung, lässt seinen langen Körper in das Sofa sinken und deutet auf das Panoramafenster seines Wohnzimmers. Die Aussicht, die er von hier genießt, ist grandios. Jetzt am Abend muss ich seiner schwärmerischen Beschreibung glauben, erst am nächsten Tag sehe ich alles mit eigenen Augen: die dramatische Bergkette der Austvågøy-Berge und tief unten am Meer den Eingang zum Raftsund.

Wie jeder der hundertfünfzig Einwohner des Ortes hat der Maler einen unverbaubaren Blick aufs Wasser, den Fjord und die Fischer- und Freizeitboote, die vor der Küste unterwegs sind. Schiffe sind Hammerbecks zweite Leidenschaft. Das ist vermutlich nicht ungewöhnlich für einen Hamburger – von den Hanseaten wird ja behauptet, dass sie die Leidenschaft für die Seefahrt schon mit der Muttermilch aufnehmen. Wenn Hammerbeck zu Hause ist, steht er zweimal täglich an seinem Ausguck im Wohnzimmer – dann nämlich, wenn die Postschiffe der Hurtigruten vorbeifahren. Für ihn ist das zum Ritual geworden. Die Schiffe gehören zu seinem normalen Tagesablauf, und auch nachdem sie aus seinem Blickfeld verschwunden sind, begleitet er sie noch ein Weile in Gedanken. Hammerbeck mag Schiffsreisen nicht nur in der Fantasie. Unlängst reiste er als Schiffsmaler auf der MS Lofoten mit. Er hat das Hurtigrutenschiff und die norwegische Landschaft gemalt, die vor dem Kajütenfenster vorbeizog, und er hat beiden sogar einen Bildband gewidmet. Menschen sucht man auf Hammerbecks Bildern allerdings vergeblich. »Die grandiose Natur der Lofoten hat mir bewusst gemacht, wie klein wir Menschen sind«, sagt er. Und: »In meinen Bildern sind die Menschen so klein geworden, dass sie gar nicht mehr vorkommen.«

Früher, als es hier oben im Norden noch keine Straßen gab, waren die Hurtigrutenschiffe die einzige Verbindung zur Außenwelt. Sie brachten die neue Waschmaschine ebenso wie den Liebesbrief des im fernen Oslo arbeitenden Verlobten. Auch heute sind die Schiffe immer noch ein wichtiges Verbindungsglied zwischen den einzelnen Küstenorten. Sie sind aber inzwischen auch Touristendampfer, die Norwegenbesucher bequem und luxuriös von Bergen im Südwesten bis nach Kirkenes im äußersten Norden bringen. Auch im Winter, wenn das Polarlicht lockt.

In den Wintermonaten bieten die Lofoten noch eine weiteres Spektakel – allerdings ein von Menschen gemachtes: Den Lofotfischfang. Auf Hammerbecks Bildern kommt er nicht vor – anders bei seinen norwegischen Malerkollegen. Für die ist der Lofotfischfang seit jeher ein beliebtes Motiv. Jedes Kunstmuseum und jede Galerie auf der Insel stellt Bilder zu diesem Thema aus. Im 19. und noch weit bis ins 20. Jahrhundert kamen Zehntausende Fischer zur Fangsaison auf die Lofoten. Ihre Boote lagen in dichten Reihen in den Häfen, und die bei den Touristen als Ferienhütten beliebten *rorbuer* waren nichts anderes als die Schlafhütten der Fischer. Auch heute kommen Jahr für Jahr im Winter bis zu dreitausend Fischer aus dem ganzen Land auf die Inselgruppe, um vor ihrer Küste den Dorsch zu fangen. In dieser Zeit kann man von vielen Häusern das Meer vor lauter Fischen nicht mehr sehen. Denn sobald der Dorsch gefangen ist, wird er an riesigen, zeltförmigen Holzgestellen zum Trocknen aufgehängt. Hunderttausende Fische werden so in der trockenen und salzigen Meeresluft zu Stockfisch und versperren den Einheimischen die Sicht. Sie füllen ihnen aber gleichzeitig die Geldbörsen. Denn besonders in Ländern Südeuropas ist der norwegische Stockfisch eine beliebte und gut bezahlte Delikatesse. Der Fischfang war für den Norden Norwegens einst die einzige Einnahmequelle – und ist bis heute eine der wichtigsten. Darum nennt man hier das Nordlicht auch Heringsblitz. Denn früher glaubten die Fischer, dass das wundersame Licht am Himmel nichts anderes sei als die Spiegelung riesiger Fischschwärme am Firmament.

R. K.

Käpt'n Stockfisch

In Å auf den Lofoten steht das einzige Stockfischmuseum der Welt

So wie Steinar Larsen stellt man sich einen Fischer aus dem Norden vor. Er trägt Norwegerpulli und eine blaue Arbeitshose, der man ihr Alter ansieht. Sein Vollbart ist schon etwas ergraut, das Haar schütter. Obwohl er nicht mehr der Allerjüngste ist, wirkt er fit und durchtrainiert. Man spürt, dass er viele Jahre seines Lebens draußen auf hoher See verbracht hat. Inzwischen ist es zwar schon mehr als fünfzehn Jahre her, dass er selbst zum Fischfang hinausfuhr. Die gesunde Gesichtsfarbe ist ihm aber geblieben.

Larsen, Spross einer Fischerfamilie, ist der König des Stockfischs. Als Fischer war er beim Dorschfang mit dabei, als Fischhändler hat er den Fisch nach Italien exportiert, und weil der Stockfisch sein Leben bestimmt hat, hat Larsen ihm sogar ein Museum gewidmet. Das Tørrfiskmuseum ist die größte Sehenswürdigkeit der kleinen Ortschaft Å ganz im Süden der Lofoten. Bis in die sechziger Jahre hinein war das rote Holzgebäude eine Fischannahmestation. Hier lieferten die Fischer ihre Fänge ab und die Großhändler kauften sie auf. Frischer Fisch aus Å war auf dem Londoner Fischmarkt gefragt.

Mit Frischfisch hat Larsens Museum aber nichts zu tun. Es widmet sich ausschließlich der getrockneten Variante – dem Stockfisch. Um einen Fisch in einen Stockfisch zu verwandeln, braucht es Zeit, Sonne und Wind: Zum Trocknen werden je zwei Fische an den Schwänzen zusammengebunden und auf Holzgestellen aufgehängt. So weit, so scheinbar einfach. Wie guter Wein, braucht auch guter Stockfisch ganz bestimmte Klimabedingungen, um sein Aroma optimal entfalten zu können. Und diese Bedingungen herrschen nur auf den Lofoten. Wind brauche es, erklärt Larsen, und Kälte. Allerdings dürfe auch nicht zu viel Wind wehen und allzu oft unter null wiederum dürfe das Thermometer auch nicht fallen. Und zu viel regnen sollte es ohnehin nicht.

In der Zukunft könnte die Klimaerwärmung zum größten Feind des Stockfisches werden. »Früher konnte man die Fische bis in den April hinein zum Trocknen aufhängen, heute muss man sie schon im März von den Stangen herunterholen«, so Larsen. Danach wird es nämlich zu warm, und die Fliegen machen sich über den Fisch her.

Noch aber ist der Winter auf den Lofoten lang genug, um die Fische trocknen zu können, und so findet die in der Wikingerzeit begonnene Tradition der Stockfischherstellung zumindest in der näheren Zukunft ihre Fortsetzung. Der Winter ist auf den Lofoten die Zeit des Fischfangs. Dann lebt die Insel drei Monate auf Hochtouren und die Trockengestelle füllen sich allmählich mit Fisch – der Himmel auf den Lofoten hängt dann voller Fische. Larsen sieht das weniger poetisch, sondern nennt, ganz Praktiker, konkrete Zahlen: drei- bis vierhunderttausend Quadratmeter Inselfläche sind mit Stockfisch bedeckt. Und dann liegt auch ständig ein leichter Fischduft über der Insel. Larsen stört das nicht. Er lacht und spricht vom »Geruch des Geldes«.

Wie lange man diesen Duft noch riechen kann, hängt auch davon ab, wie sorgsam die Menschen mit der Ressource Fisch umgeht. Steinar Larsen erzählt, dass man früher, als er zum Fischen hinausgefahren sei, bestenfalls fünfhundert Kilo Fisch pro Stunde habe fangen können, heute schafft man mit dem Schleppnetz ein Vielfaches: Der Rekord liegt bei dreiunddreißig Tonnen in einer einzigen Stunde. Schleppnetz oder nicht? In Larsen scheinen in dieser Frage zwei Herzen zu schlagen: Das des Fischhändlers, der den kurzfristigen Profit sieht, und das des traditionellen Fischers, der die Grundlage seines Berufs allmählich schwinden sieht. »Die Schleppnetze sind so effektiv geworden, dass sie gefährlich sind«, sagt er, »aber solange die Wissenschaftler sagen, es geht …« Den Satz beendet er nicht.

Fakt ist: Durch die Überfischung sind die Dorschbestände in den letzten Jahrzehnten stark zurückgegangen und Stockfisch, einst ein Arme-Leute-Essen, ist zur Luxusware geworden. In Italien, Portugal und Spanien zahlt man den hohen Preis jedoch gerne. Dort war der getrocknete Fisch aus dem Norden schon im Mittelalter sehr beliebt. Frischer Fisch verdarb in dem heißen

Klima schnell. Stockfisch war für Menschen, die nicht direkt am Meer lebten, die einzige Möglichkeit, Fisch zu essen. Auch der strenge Katholizismus im Süden Europas trug zur Beliebtheit des Stockfisches bei: Den Gläubigen wurde für die Freitage und die Fastenzeit Fleischlosigkeit auferlegt, und so bürgerte sich Stockfisch als Fasttagsmenü ein.

In Norwegen selbst ist Stockfisch nicht besonders beliebt. Das mag daran liegen, dass man hier genügend hervorragenden Frischfisch bekommt. *Lutefisk*, eine Weiterverarbeitung des Stockfisches, isst man allerdings auch im Norden gerne. Der kommt besonders zu Weihnachten auf den Tisch. Um *lutefisk* herzustellen, muss man den getrockneten Fisch mehrere Tage in kaltes Wasser und Natronlauge einlegen. Eine ziemlich geruchsintensive Prozedur, die noch dazu zu einem Ergebnis führt, das die meisten mitteleuropäischen Gaumen nicht besonders schätzen. Aber vielleicht sind es ohnehin die Beilagen, die *lutefisk* für Steinar Larsen und seine Landsleute zu einem Festtagsessen werden lassen: Speck, Erbsenpüree, Kartoffeln und Aquavit. Sehr viel Aquavit.

R. K.

Wal in Sicht

Vor den Vesterålen werden Wale gejagt: Von Walfängern mit der Harpune und von Touristen mit der Kamera

Birthe weiß, was Touristen wünschen. »Die Gäste wollen möglichst viele Wale sehen, das ist der einzige Weg, um sie glücklich zu machen.« Birthe ist Guide auf einem der beiden Schiffe von »Havalsafari AS« in Andenes, einem kleinen Ort auf den nordnorwegischen Vesterålen-Inseln. Von hier aus kann man in zwei Stunden – oder fünfundvierzig Minuten, wenn man mit dem Schnellboot unterwegs ist – eine Stelle erreichen, an der die europäische Kontinentalplatte steil ins Meer abfällt. Hier finden die großen Wale reichlich Nahrung und deswegen ist die Wahrscheinlichkeit, einen der Meeressäuger zu sehen, hoch – die Sichtungsquote liegt je nach Jahreszeit zwischen fünfundneunzig und neunundneunzig Prozent.

Dass man hauptsächlich Pottwale zu Gesicht bekommt, auch das weiß Birthe. Die dänische Biologiestudentin arbeitet im Sommer auf den Walbeobachtungsbooten und begleitet Touristen auf den Ausfahrten. Außer den bis zu zwanzig Meter langen Pottwalen leben hier verschiedene Delfinarten, Buckelwale, Orcas und Zwergwale. Von Letzteren gibt es allein im Nordatlantik zwischen ein- und zweihunderttausend Tiere. »Zwergwale werden wir auf den Walsafaris nur selten zu sehen bekommen«, sagt die Studentin. Denn die bis zu neun Meter langen Tiere tauchen nur für wenige Sekunden an der Wasseroberfläche auf, um dann wieder in den Tiefen des Meeres zu verschwinden. Vielleicht scheinen ihnen die Meerestiefen sicherer, weil sie wissen, dass sie im Gegensatz zu ihren größeren Vettern in Norwegen gejagt werden dürfen.

Die Waljagd hat Norwegen bei Umweltschützern im Ausland einen schlechten Ruf eingebracht. Deswegen will ich von den »Whalewatchern« wissen, was sie über Walfang denken. Die aber halten sich bedeckt. Nur einer der Wissenschaftler der Forschungsstation will sich äußern. Aber seinen Namen gedruckt sehen, will auch er nicht. »Wir hier sind natürlich neutral«, sagt er lächelnd. Nach einer kleinen Pause fügt er hinzu, dass nach seiner Ansicht die Kritiker im Ausland herzlich wenig über den Walfang wüssten und die Argumente, die sie verwendeten, nicht haltbar seien.

Erst 1988 begann man in Andenes mit den Touristentouren. Damals ging den Forschern der Walstation das Geld aus und sie konnten sich die Fahrten aufs Meer hinaus nicht mehr leisten. Um ihre Forschungsarbeit weiterzufinanzieren, nahmen sie einfach Touristen auf die Beobachtungsfahrten mit. Im ersten Jahr fuhren dreihundertfünfundsiebzig Gäste mit den Forschern hinaus aufs Meer, inzwischen buchen jedes Jahr dreißigtausend Menschen eine Waltour in Andenes. Die Walsafaris gehören zu den beliebtesten Touristenattraktionen in Nordnorwegen.

»Die sollten sie nehmen«, empfiehlt uns Birthe und deutet auf die Tabletten gegen Seekrankheit, die sie an jeden Passagier verteilt. Geht ja schon gut los, denke ich. Seekrankheit ist also inbegriffen. Die ersten zwei Stunden der Fahrt konzentrieren sich die meisten Passagiere darauf, ihren Mageninhalt bei sich zu behalten. Die ganz Mutigen holen sich Tee und Gebäck, die eher Vorsichtigen verzichten auf Speis und Trank, sitzen etwas verkrampft auf ihren Plätzen und schauen versonnen auf den Horizont. Dies, so hat uns Birthe erklärt, helfe gegen aufkommende Seekrankheit.

Plötzlich unterbricht ein Schrei vom Ausguck die Mutigen beim Teetrinken und die Vorsichtigen beim Meditieren: »Hval, hval«, schallt der Ruf über das Boot. Helle Aufregung überall. Jetzt versucht jeder, mit der Kamera bewaffnet, so schnell wie möglich an die Reling zu kommen. Hundert Touristen an Bord drängeln los. In etwa dreihundert Metern Entfernung schießt eine Fontäne in die Höhe. An der Blasrichtung des Strahles kann man angeblich die Walart erkennen. »Ein Buckelwal«, ruft Birthe. Dies sei ein Glückstag, sagt sie, denn einen solchen Wal sehe man hier nicht alle Tage. Doch obwohl sich unser Kapitän alle Mühe gibt, kommen wir nicht näher heran. Bald darauf stören wir ein paar Weißnasendelfine bei ihrer Mittagsmahlzeit. Die nehmen uns das nicht weiter übel und begleiten das Schiff für eine Weile. Nach einiger Zeit hat jeder seinen Delfin im Kasten –

auch die Reisegäste ohne Teleobjektiv. Dann setzt eine Flaute ein – nein, der Wind wird leider nicht schwächer –, aber die »Action« auf dem Meer lässt nach. Als wir bereits wieder auf dem Rückweg sind, bekommen wir aber doch noch den versprochenen Pottwal zu Gesicht. »Dort drüben«, ruft der Mann am Ausguck. Als sei dies der Startschuss für einen Hundertmeterlauf, stürzen wir erneut zur Reling. Der Pottwal scheint zu wissen, dass er die Hauptattraktion der Fahrt ist und lässt das Schiff bis auf dreißig Meter herankommen. Jetzt klicken die Kameraverschlüsse wie wild.

Das ist ein Männchen, weiß Birthe. Und gibt zu, das sei nicht schwer herauszufinden. Hier vor den Vesterålen sind nämlich ausschließlich Pottwalmänner unterwegs. Die Weibchen leben weiter im Süden auf Höhe der Kanarischen Inseln und dorthin machen sich die Herren Jahr für Jahr zur Paarungszeit auf die Reise. In den fischreichen Gewässern Nordnorwegens scheint es ihnen aber dann doch besser zu gefallen – nach den Flitterwochen kehren sie nämlich schleunigst dorthin zurück.

Pottwale können bis zu eineinhalb Stunden am Stück tauchen, nach jedem Tauchgang bleiben sie dann zehn bis fünfzehn Minuten an der Wasseroberfläche, bevor es erneut in die Tiefe geht. Unser Wal hat es da eiliger. Nach etwa einer Minute verabschiedet er sich von uns. Zum Abschied winkt er aber noch mit seiner riesigen Schwanzflosse in die Kameraobjektive.

R. K.

Die Entdeckung Grönlands – in mehreren Etappen

Der lange Weg von Tranlampen zu Satellitenschüsseln

Vor einigen Jahren besuchte ich im Winter in Sermiligaaq an der Ostküste Grönlands die achtzigjährige Gudrun und ihren Mann Thorvald. Sie war praktizierende Schamanin, Thorvald Laienpriester. Sie wohnten in einem roten Holzhaus. In diesem Haus lebten die alte und die neue Kultur Grönlands nebeneinander. An der Wand hingen Christusbilder, daneben lag Gudruns Trommel für Trancetänze. Aus einem zum Trocknen aufgespannten Robbenfell tropfte Fett auf den Teppichboden. Im Vorraum stolperte ich über Gummistiefel und dicke Jacken, schaffte es kaum, mich schnell genug der dicken Kleidung zu entledigen, um nicht gleich fürchterlich zu schwitzen. Wärme galt in Grönland immer schon als Luxus, wer es sich heute leisten kann, macht es sich bullig warm in der Wohnstube. Und während draußen bei klirrender Kälte Erfrierungen drohen – sitzt drinnen die ganze Familie im Unterhemd vor dem Fernseher.

Es war ein langer Weg bis hierhin, von den Tranlampen, die in Grassodenhäusern gerade mal ein bisschen Licht und Wärme spendeten, wo die Bewohner sich in dicke Eisbärenfelle gehüllt zusammenkuscheln mussten, um die unendlich langen Winter zu überstehen. In den alten Zeiten wurden zur Unterhaltung Sagen von Generation zu Generation weitererzählt und die ekstatischen Trommeltänze dargeboten, die den Schamanen, *angakoks* genannt, halfen, sich in Trance zu singen. Heute sieht man auf fast allen Häusern in Grönland Parabolantennen – denn nirgends auf der Welt können per Satelliten mehr Sender empfangen werden als in diesen weltabgelegenen Dörfern.

Grönland wurde um das Jahr 1000 entdeckt. An diesem Satz ist so viel Wahres dran wie an der Behauptung, 1492 sei Amerika entdeckt worden. Der Wikinger Erik der Rote ließ sich um das Jahr 985 an der Westküste Grönlands nieder – aber so wie in Amerika seit Jahrtausenden Indianer lebten, gab es in Grönland Eskimos. Normannische Einwanderer aus Island, also die Wikinger, kamen viel später nach Südwestgrönland als die Vorfahren der heutigen Grönländer, die lange zuvor von der kanadischen Arktis her eingewandert waren. Die Urgeschichte Grönlands beginnt auf der anderen Seite des amerikanischen Kontinents im Beringstraßengebiet.

Wirklich entdeckt wurde Grönland also vor über viertausend Jahren von Nomadenstämmen, die aus Sibirien über die Beringstraße auf den amerikanischen Kontinent gekommen waren und weiter nach Osten zogen. Diese Migration erfolgte in Schritten von Hunderten von Jahren, schon damals wurde also Grönland immer wieder von neuen Volksgruppen »entdeckt«. Die ersten siedelten in einem Fjord an der äußersten Nordostküste, sie waren Rentieren und Moschusochsen gefolgt. Erst die nächsten Einwanderer spezialisierten sich auf den Robbenfang. Sie zogen um 1000 vor Christus vom Norden aus an der Westküste herunter und kamen fast bis zum Polarkreis, sie brachten erstmals Hunde nach Grönland.

Doch mitnichten lebten die Inuit dauerhaft in Iglus, diese Schneehäuser dienten nur als Unterkunft auf Reisen. Erst mit der späteren Dorset-Kultur kam der Kajak nach Grönland. Kajak ist eines der eskimoischen Wörter, das ins Deutsche übernommen wurde. So wie Iglu und Anorak: ein warmes Kleidungsstück, in dessen ausgebeulter Kapuze auf dem Rücken ein Kind Platz fand. Wie die vorigen Kulturen verschwand auch die Dorset-Kultur wieder. Vielleicht war es den Inuit wieder einmal zu kalt geworden.

Diese weiten Reisen spiegeln sich in den Mythen der Grönländer wieder. Der Forscher Knud Rasmussen sammelte um 1919 an der Ostküste Eskimosagen, eine erzählt von »Puvia, der von zwei Indianerfrauen entführt wurde«. Die Sage hat ihre Wurzeln offensichtlich in grauer Vorzeit, als die Vorfahren der Grönländer mit den amerikanischen Ureinwohnern in Kontakt standen. Obwohl der unwirtliche Osten Grönlands erst sehr spät besiedelt wurde, hat sich diese Sage durch mündliche Überlieferung erhalten.

Die Güter dieser Welt seien sehr ungleich

verteilt, schrieb Fridtjof Nansen einmal. Einigen Völkern werde es leicht gemacht, »sie können in ihrer Jugend einen Brotfruchtbaum pflanzen und sich damit für den Rest ihres Lebens versorgen, während anderen offenbar alles, außer der Kraft zu kämpfen, versagt ist und sie der feindlichen Natur Schritt für Schritt alles, dessen sie zum Leben bedürfen, erst abtrotzen müssen«. Nansen hatte 1888 das grönländische Inlandeis auf Skiern durchquert, er setzte sich stets für die Kultur der Inuit ein. In seinem Buch »Eskimoleben« schrieb er, das Eskimovolk liefere den besten Beweis für die Begabung des Menschen, sich den Verhältnissen anzupassen und sich über die Erde zu verbreiten. »Der Eskimo bildet den äußersten Vorposten gegen die Leere des ewigen Eises.«

Um das Jahr 1000 bildeten fortschrittlichere Inuit im Norden Grönlands mit der Thule-Kultur wieder so einen Vorposten, sie waren bessere Jäger als ihre Vorfahren und gelten als Vorläufer der heutigen Grönländer. Ungefähr zur selben Zeit landeten die ersten Weißen an den südlichen Küsten der Insel – und obwohl sie sich mildere Landstriche zur Besiedelung aussuchten, scheinen sie weniger gut mit dem harten Leben am Polarkreis zurande gekommen zu sein.

Nordnorwegen, gegen Ende des ersten Jahrtausends: Die Sippe von Thorvald und seinem Sohn Erik muss wegen Totschlags auswandern und geht nach Island. Doch Erik der Rote bekommt erneut Streit und erschlägt einige seiner Gegner. Wieder flieht er, wieder geht er weiter nach Westen. Drei

Jahre lang erforscht er die Fjorde der Rieseninsel, entdeckt fruchtbare Ufer und beschließt um das Jahr 1000, hier zu siedeln. Um weitere Siedler anzulocken, nennt er die Insel »Grönland« – Grünes Land. Fünfundzwanzig Schiffe verlassen Island, beladen mit Menschen, Vieh, Hunden und Hausrat, vierzehn Schiffe erreichen ihr Ziel.

Im Gegensatz zur Jägerkultur der Inuit waren die Isländer Bauern, sie errichteten Höfe, jagten jedoch auch. Beliebt war der Narwal, sein Horn sowie Walrosszähne lieferten die Kolonialisten als Steuern nach Rom. Denn ab etwa 1125 gab es in Garðar den ersten grönländischen Bischofssitz. Das Amt war nicht sehr beliebt, immer wieder musste die grönländische Gemeinde jahrzehntelang ohne Kirchenoberhaupt auskommen. In der Blütezeit der Wikingerkolonie auf Grönland, etwa um das Jahr 1400, lebten auf zweihundertachtzig Höfen rund viertausendfünfhundert Nordmänner. Doch damit war der Zenit überschritten. Die Wikinger verschwanden, fünfhundert Jahre nachdem sie in Grönland gelandet waren, verlieren sich ihre Spuren.

Die Forschung streitet noch: Vielleicht gab es eine kleine Eiszeit, vielleicht wurden sie von den von Norden herandrängenden Inuit vertrieben, vielleicht hätten aber auch die Wikinger einfach Lampenlöschspiele veranstalten sollen wie die Inuit, die dabei den Frauentausch vornahmen und sich so vor Inzucht schützten. Eine Vermischung der Normannen mit den Eskimos scheint es jedenfalls nicht gegeben zu haben.

Doch bald wurde Grönland wieder einmal entdeckt. Auf der Suche nach der Nordwestpassage, die nördlich des amerikanischen Kontinents nach Asien führen sollte, stießen Forscher immer mal wieder an die Küsten der eisigen Insel. Mancher, wie 1580 der Engländer Martin Frobisher, wusste dabei nicht einmal, dass er vor Grönland kreuzte. 1614 wurde erstmals wieder ein Europäer auf Grönland beerdigt: James Hall, Seiner Dänischen Majestät Lotse, begleitete ein Schiff nach Grönland. Als es in eine Bucht einfuhr, erkannten die Inuit in ihm denjenigen, der bei einer früheren Expedition vier Ureinwohner entführt hatte, um sie in Europa herumzuzeigen. Sie harpunierten ihn. Im 17. Jahrhundert war das Meer um Grönland rot vor Blut: Europas Walfänger jagten hier nach den Meeressäugern, die sie um Island bereits ausgerottet hatten.

Im frühen 18. Jahrhundert erinnert man sich in Europa an die Christen auf der größten Insel der Erde, der dänische Pastor Hans Egede macht sich auf die Suche nach den verlorenen Schäfchen. Mit seiner Frau und vier Kindern landet er 1721 an der Westküste, in Ermangelung von Europäern missioniert er die Eskimos, mit Stock und Bibel. Vor allem den *angakoks*, den grönländischen Schamanen, will er das Handwerk legen. Es gelingt ihm nicht ganz, bis heute haben sich Reste des Urglaubens erhalten, die neben dem christlichen fortbestehen, wie eben im Haus des alten Paares in Sermiligaaq.

Missionare taufen die Inuit mit skandinavischen Namen. Die heutigen Grönländer heißen Nils und Peter, Christiane und Hansine, oder eben Thorvald und Gudrun – sie sind Europäer schlechthin; das Ergebnis jahrhundertelanger Vermischung norwegischer, dänischer und portugiesischer Walfänger, skandinavischer Pastoren sowie Herrnhuter Missionare mit den Frauen der Inuit. Jahrtausendelang hatten sich die Inuit an das Klima und die Unbillen der Arktis angepasst, aber gegen das, was die Europäer ihnen brachten, waren sie machtlos. 1733 rotteten Pocken ganze Dörfer aus, Grippe und Tuberkulose wüteten nicht weniger, und ebenso wehrlos waren sie gegen Alkohol.

Im 19. Jahrhundert entdeckten endlich auch die Entdecker Grönland, erforschten das Inlandeis und die Eisberge, durchquerten und umkreisten die Insel und machten sich auch an die Erforschung der Urbevölkerung. Sogar Ende des 19. Jahrhunderts wird noch einmal eine bis dahin unbekannte Gruppe von Inuit von Weißen aufgesucht: Als Gustav Holm 1884 an der grönländischen Ostküste entlangfuhr, entdeckte er im Ammassalik-Fjord eine kleine Siedlung von Inuit. Die Generation der Großeltern von Thorvald und Gudrun hatten noch nie andere Menschen als die ihrer Dörfer gesehen. Holm schrieb, sie seien »durch unseren Anblick« nicht so sehr verwundert gewesen, wie man von Leuten hätte erwarten können, die noch nie andere Menschen gesehen hatten, als die, aus denen ihr eigenes kleines Gemeinwesen bestand. Doch die

Schamanen erzählten viele Geschichten darüber, wie sie im Inneren des Landes »die sagenhaften Erkilliker und Tirmeseter angetroffen haben, und wie sie tagtäglich mit allen Arten merkwürdiger Geister verkehren, dass die Leute nicht besonders erstaunt darüber waren, dass es jetzt auch ihnen bestimmt war, ein wenig Seltsames zu sehen«.

Mitte des 20. Jahrhunderts tilgt schließlich der Tourismus einen der letzten weißen Flecken auf der Landkarte – das eisbedeckte Grönland, das geologisch zu Amerika gehört, durch aus Asien angereiste Stämme und europäische Wikinger besiedelt wurde, hat nun selbst entdeckt, dass es ein reizvolles Ziel für Besucher aus der ganzen Welt sein kann. Mitte der neunziger Jahre kamen etwa viertausend Touristen jährlich, 2007 waren es dreiunddreißigtausend.

Und Grönland emanzipiert sich von seinen Entdeckern und Kolonialisten. Wegen seiner Zugehörigkeit zu Dänemark war Grönland Mitglied der Europäischen Gemeinschaft – was den europäischen Hochseeflotten Tür und Tor und das Meer rund um die Insel öffnete. Und europäische Konzerne begannen unterm schmelzenden Inlandeis nach Bodenschätzen zu suchen. 1982 stimmten die Grönländer für einen Austritt aus der EG. Am 25. November 2008 fand eine weitere Volksabstimmung statt, daraufhin wurde der seit 1979 geltenden Autonomiestatus durch eine Selbstverwaltungsordnung ersetzt.

Auf Arktisreisende wirkt Grönland so magnetisch wie der Nordpol, es zieht sie immer wieder hin. »Lasst mir den Schnee und die Hunde, alles andere kannst du behalten«, soll Knud Rasmussen gesagt haben, nachdem er 1921 zu einer sehr langen Schlittenreise aufbrach: Er fuhr von Thule in Nordgrönland bis nach Nome, einem Ort an der äußersten Westküste Alaskas. So konnte er beweisen, dass es den Inuit umgekehrt möglich gewesen war, von der Beringstraße aus Grönland zu besiedeln. Und Fridtjof Nansen, der wochenlang auf Skiern durch Grönland marschiert war, schrieb danach: »Hast du den Text gehört, den die Natur dir predigt? Dann lausche auf die Weite, sie ruft dich zurück.«

B. S.

Wo Eisberge auf Reisen gehen

Unterwegs an der grönländischen Westküste

Ilulissat bedeutet Eisberge. Warum der Ort so heißt, begreift man nach einem kleinen Spaziergang aus der Stadt hinaus. Nach einer halbstündigen Wanderung, begleitet vom Geheul der sechstausend Schlittenhunde, steht man auf dem Hügel hinter dem alten Friedhof: Ein riesiger Eisberg ankert vor dem Hafen. Der weißblaue Koloss degradiert die drittgrößte Stadt Grönlands zu einem Haufen bunter Bauklötze. Auf der anderen Seite des Hügels aber: Isfjorden, der Geburtskanal für die größte Eisbergdichte der Arktis. Hier kalbt der Ilulissat-Gletscher ins Meer, schickt jährlich fünfzehn Kubikkilometer Gletscher auf die Reise, eine unübersehbare Menge weißer und blauer und weißblauer Riesengebirge. Das Sonnenlicht flirrt auf den kaltglühenden türkisfarbenen Adern. Wie Aquamarine mit Einschlüssen von Saphiren leuchten die Quader und Klötze. Der muss schon ein rechter Eisblock sein, der bei diesem Anblick nicht dahinschmilzt! Man kann ja behaupten, das grelle Sonnenlicht sei schuld an den feuchten Augen. Grönlands Eisnatur ist maßlos in ihrer Schönheit. Sie überrumpelt den Reisenden, nimmt alle Sinne in Anspruch.

Johanne Olsen
»Ein Afrikaner in Grönland«, so hieß einmal ein Buch. Johanne Olsen hat den Spieß umgedreht, »Ein Eskimo in Afrika« könnte die Geschichte heißen, die sie erzählt: »Als unsere älteste Tochter Parnuna sechzehn Jahre alt war, haben wir sie für ein Jahr nach Ghana geschickt.« Johanne Olsen ist zweiundvierzig Jahre alt, hat schwarze Haare, olivfarbene Haut und schmale dunkle Augen. Sie sitzt aufrecht auf dem Ledersofa ihres Hauses am Ortsrand von Ilulissat. 1982 zog sie mit ihrer Familie aus Südgrönland in die Stadt in der Diskobucht. Ihr Mann Gustav arbeitet bei der Polizei, Johanne ist Lehrerin für Dänisch und Englisch. Ihre Tochter sollte gut Englisch lernen, außerdem wollte Johanne, dass Parnuna »erfährt, was es heißt, richtig arm zu sein«. Die Olsens zählen mit zwei festen Einkommen zu den wohlhabenden Grönländern. Davon zeugen Fernseher, Stereoanlage, Computer und ein Einfamilienhaus, das vollgestopft ist mit Medaillen und Pokalen. Vier Mal in der Woche marschiert die Familie in die Turnhalle: Badminton und Handball – dem verdankt Johanne ihre muskulösen Arme, ihre aufrechte Haltung und die Sicherheit, dass ihr Mann abends nicht lallend in der Grillstube über Geldspielautomaten hängt.

Seit die Missionare die Inuit tauften, tragen sie skandinavische Namen, das ist bei den viertausend Bewohnern von Ilulissat nicht anders. Aber die Kinder von Johanne heißten Parnuna, Ivalo und Aputsiaq. »Weil wir Grönländer sind«, sagt

Johanne resolut, habe sie Inuit-Namen gewählt. Ivalo ist die Bezeichnung einer Sehne, mit der Kamiken, Fellstiefel, genäht werden. Aputsiaq bedeutet »kleiner schöner Schnee, der fällt«, so war das Wetter bei der Geburt ihres Sohnes. Parnuna heißt nach einem Eskimomärchen und dem Namen eines roten Felsens. Eine junge Frau saß dort und sah, wie ihr Mann mit dem Kajak kenterte. Da wollte sie nicht mehr leben und sprang ins Meer. Ist das nicht ein trauriger Name für ein Mädchen? Nein, protestiert Johanne, das sei doch die Geschichte einer großen Liebe.

Johanne hat viel von der Welt gesehen. Alle zwei Jahre fährt sie mit ihrer Familie in den Urlaub, in der Wohnung liegen Teppiche aus der Türkei, an der Wand hängen Souvenirs aus Europa, in Kanada traf sie sich mit alten Inuit, die fast dieselbe Sprache sprechen. Aber woanders als in Grönland wollte sie nie leben, am wenigsten in Dänemark. »Ein flaches Land, Häuser und Bäume und sonst nichts.« Langweilig sei das, sagt Johanne. »Ich muss das Meer sehen und die Eisberge, jeden Tag.«

Frederik Broberg

Vor Lyberth's Butik flaniert der Sonntags-Schlendrian. Nur allmählich beleben sich die Straßen, denn am Abend zuvor gastierte eine grönländische Hardrockband in Qeqertarsuaq. Solch kulturelle Highlights sind rar auf der Diskoinsel, die unweit von Ilulisaat im eisigen Meer liegt. Um halb fünf torkelten die letzten Gäste aus dem

Lokal. Da fielen schon die ersten Sonnenstrahlen auf die Eisbergkette vor der Insel. Nun ist ein strahlender Frühlingstag, Frauen in Robbenfelljacken schieben Kinderwagen, mit Rädern oder Kufen. Kinder ziehen Schlitten über die verschneite Hauptstraße. Die Zeit tröpfelt dahin wie Schnee, Ende März wird es bis zu null Grad Celsius warm. Autos fahren wenige, Motorschlitten düsen hinaus zu einer erhöhten Landzunge mit wunderbarem Blick über Packeis, Eisberge, einen schmalen Streifen offenen Meeres und auf Wale. Whalewatching gehört allerdings nicht zur touristischen Angebotspalette der Diskoinsel. Qeqertarsuaq war zu allen Zeiten ein Walfängerort. Schon die erste Inuit-Besiedlung lebte von der Jagd auf Meeressäuger, und nachdem die Europäer dem Walbestand rund um Island den Garaus gemacht hatten, dehnten sie um 1700 ihre Jagdgründe nach Grönland aus.

So kommt es, dass Frederik nur wenig Aufsehen erregt, als er mit seinem Hundeschlitten die Straße herunterprescht und eine fast zwei Meter lange Sattelrobbe hinter sich herzieht. Frederik Broberg, blond und blauäugig, strahlt aber über das ganze Gesicht. Eine so große Robbe hat der dreißigjährige Jäger lange nicht erlegt. Sein Vater ist alt und kann nicht mehr jagen, Frederik ernährt die Großfamilie. Außer als Jäger und Fänger arbeitet er bei der Staatlichen Handelskette KNI, die die Versorgung auch der kleinsten Wohnplätze garantiert. In den drei bis vier eisfreien Sommermonaten füllen Schiffe die Tiefkühltruhen Grönlands. Den Rest des Jahres wird die Eisinsel aus der Luft versorgt.

Frederik lenkt sein Hundegespann durch das Dorf bis zu einer zugefrorenen Bucht und bindet seine Hunde an. Der blonde Grönländer sieht zwar aus wie ein Wikinger, spricht aber nur wenig Dänisch. So erklärt er mit Händen und Füßen und auf Grönländisch, wie er das Riesentier erlegte. Er schoss den Seehund, dann zog er ihn aufs Eis und schleppte ihn hinter seinem Schlitten ins Dorf. Die Jagdmethoden seiner Ahnen unterschieden sich davon kaum; um die Jahrhundertwende hat Daniel Jacobsen diese auf Aquarell-Zyklen dargestellt, die jetzt im Museum hängen. Eines zeigen die Bilder deutlich: Die Jagd hatte nie etwas gemein mit der kanadischen Robbenschlächterei. Das musste Greenpeace einsehen – und entschuldigte sich bei den Grönländern für die pauschale Kampagne gegen Seehundjagd.

Methodisch zerteilt Frederik das erlegte Tier; er schwitzt, dass ihm fast die Brille von der Nase rutscht, obwohl die Temperatur am Abend auf minus zehn Grad gefallen ist. Viel Blut versickert im Schnee. Frederik schichtet den Großteil des dunklen Fleisches in eine ausgediente Tiefkühltruhe. Dann erst wirft er seinen Hunden, die während des Gemetzels heulend an den Ketten zerrten, große Brocken zu. Der Fleischvorrat ist sein Hundefutter bis zum Sommer, die Robbe war zu alt und zäh für ihn und seine Familie. Da außerhalb Grönlands niemand Jacken oder Stiefel aus Robbenfell trägt, schneidet Frederik die Tierhaut in breite Streifen. Damit wird er im Sommer Haifische ködern, ebenfalls Hundefutter. Die Krallen verkauft er an einen Souvenirhändler; dreihundert Euro wird er dafür bekommen. Neunzehn Wale wurden im vergangenen Jahr in Qeqertarsuaq gefangen, achtunddreißig Robben hat Frederik an Land gezogen, Essen für seine drei Kinder. Was werden die einmal werden? »Jäger«, sagt Frederik stolz und fügt an: »Hoffentlich.«

Karl Iversen

Die Kälte hat einen großen Vorteil: Nordlicht wabert in dieser Nacht über den Himmel. Grünliche und bläuliche Vorhänge wehen übers Firmament, manchmal mit gelben Momenten. Dafür nehmen wir gerne in Kauf, dass uns tagsüber auf dem Hundeschlitten die Wimpern vereisten, sich verhakten und zusammenfroren. Sogar Karl, unser Hundeschlittenführer, zog manchmal seine Handschuhe aus und wärmte sein Gesicht mit bloßen Händen. Nun sitzen wir in einer Jägerhütte am zugefrorenen Fjord. Minus zwanzig Grad, das ist sehr kalt. Nein, sagt Karl, es ist kalt. Manchmal habe es minus dreißig oder minus fünfundvierzig Grad, das sei sehr kalt. Wir wollen da nicht streiten, wir glauben Karl. Karl Iversen und sein Freund Nils Karl Matthiesen führen uns vier Tage lang mit ihren Hundeschlitten durch die grönländische Natur. Am Tage haben wir bei ihren Fischplätzen haltgemacht. Mehrere Hundert Meter lange Fangleinen baumelten unter der meterdicken Eisschicht, Fisch um Fisch zogen sie heraus, entwirrten die Leinen mit der Geduld einer Spitzenklöpplerin. Platte Rochen schienen auf dem Eis liegend noch um sich zu blicken, andere Fische sahen aus wie riesige Kaulquappen, ihr grönländischer Name klang so ähnlich; und jeder zweite ein Heilbutt. Karls Bruder Knud stand daneben, er packte die Beute auf seinen Schlitten, um sie nach Ilulissat in die Fischfabrik zu bringen. Ein Heilbutt wurde gleich gefriergetrocknet, er hing nur kurz an einer Stange und war bereits durchgefroren. Nils knabberte daran herum, auf Grönländer Art: Er steckte ein Ende von einem großen Stück des weißen reinen Fleisches in den Mund, hielt es mit der einen Hand fest und säbelte mit der anderen den Rest ab. Das ist so praktisch, dass man sich wundert, warum andere Völker Teller und Gabel brauchen. Grönland-Sushi.

Einen Butt steckte Karl in den Beutel, der an seinem Schlitten hängt. Der Fisch schwimmt nun am Abend zerlegt in einem Topf auf dem Primuskocher, mit Reis und tiefgefrorenem Gemüse aus der Supermarkttruhe. Bald schlüpfen wir in die dicken Schlafsäcke. »Ajunngilaq«, sagt Karl. Er meint nicht die Schlafsackmarke. *Ajunngilaq*, das heißt auf Grönländisch: »Alles bestens.« Primuskocher und Petroleumlampe brennen die ganze Nacht, geben Wärme und Licht; die Tranlampe spendete Karls Vorfahren beides. Karl und Nils erzählen uns eine Gutenachtgeschichte. Natürlich verstehen wir kein Wort, genaugenommen reden sie auch gar nicht mit uns, aber das kaum modulierte, seltsam gutturale halblaute Gespräch der Grönländer schickt uns in den Schlaf. Als hätten sie uns von Nalikateq erzählt, der Frau, die auf dem Weg zum Monde wohnt und ihren Gästen etwas vortanzt, um ihre Lungen zu verzehren, wenn sie lächeln. Diese und andere Eskimosagen schrieb Knud Rasmussen, Polarforscher aus Ilulissat, vor hundert Jahren auf.

Am nächsten Morgen packen Karl und Nils alles auf die Schlitten. Nils ist jung und aufgedreht und lebhaft. Karl ist zweiundvierzig, ein Mann, der mit Bewegungen und Emotionen haushält. Mit ruhiger Kraft lenkt er seinen Schlitten. Er ist schlank und groß, hat dunkle Haare und graugrüne Augen, das Erbe eines norwegischen Vorfahren. Seine sechzehn Hunde gehorchen fast aufs Wort, vor allem, wenn Karl die Stimme hebt. Das passiert, wenn es steil bergab geht, der Schlitten in schmalen Felsrinnen hinabrast. Dann springt Karl vom Schlitten, stellt sich dahinter und spannt die Hunde hinter den Schlitten, als Bremser. Er schaut sich seinen Gast an. Wenn der ängstlich ist, bittet er ihn, zu Fuß zu gehen. Wer aber sitzen bleibt, darf ans Runterfallen nicht mal mehr denken. Heissa, das saust. Keine Angst, keine Angst. Karl steht hinten.

Heil unten angekommen, klopft Karl dem Gast anerkennend auf die Schulter. Mit all den dicken Klamotten und mit Karls Riesenhänden erinnert das an Umarmungen von Eisbären. Karls Prankenschlag adelt zum Ritter. Nun ziehen die

Hunde wieder, Karl läuft nebenher, steigert die Geschwindigkeit wie ein Mittelstürmer im Strafraum und hechtet sich vorne auf dem Schlitten auf seinen Platz. Wir zuckeln stundenlang über einen Fjord. In der Ferne sind Eisberge festgefroren. »Juk, juk, juk«, ruft Karl monoton, dann geht es nach links. »Ililili«, dann nach rechts. Hin und wieder halten wir an. Mit Engelsgeduld entwirrt Karl die Leinen der Hunde und spannt wieder an. Die eisenbeschlagenen Kufen knirschen auf dem hart gefrorenen Schnee. Das schläfert ein. Wind kommt auf, er raut die oberste Schneeschicht auf und fegt sie flach hinweg. Es sieht aus, als würden wir auf Wolken fahren.

Der Blick schaut ins Blaue, ins Weiße, ins Leere. Es ist wie das Vorbeiziehen der Jahrtausende. Manchmal, wenn wir einen Hügel hinauffahren und das Auge kein Ende der eisigen Welt erkennen kann, ahnen wir, wie gnadenlos dieses arktische Leben der Natur ausgesetzt war und ist. In den Städten Grönlands regiert heute die Zivilisation, aber hier draußen hat sich fast nichts verändert, seit Karls Ahnen mit ihren Hundegespannen hinauszogen. Statt Metall verstärkten Walbarten ihre Schlittenkuven, und statt Nutella und Käse hatten sie getrocknetes Fleisch als Proviant. Aber es ist immer noch die gleiche Hunderasse, die die Schlitten zieht. Dieselben Kommandos schwirren durch die klare Luft, in der man andere Menschen über Kilometer hört. Damit die Stille ein Ende nimmt.

Tee, sagt Karl. Will er mitten auf dem Fjord

den Primuskocher auspacken? Nils nimmt ein großes Messer und stapft auf einen blauen Eisberg zu. Er säbelt Blöcke ab und wirft sie Karl zu. Wir packen sie auf den Schlitten. Abends werfen wir sie in den Topf auf dem Kocher. Beim Erwärmen entweicht mit lautem Prickeln jahrtausendealte Luft. Als dieser Block gefror, war Grönland noch unbesiedelt, machten sich Karls Urahnen vielleicht gerade über die Beringstraße zum amerikanischen Kontinent auf.

Der blaue Block ist geschmolzen, wir hängen unsere Teebeutel hinein.

Kaja Mörup

Als im Süden Grönlands eine Telegrafenstation gebaut wurde, nahm Kaja einen Stein aus ihrem Regal, brachte ihn ihrem Freund, dem Ingenieur, und sagte: »Wenn du so einen siehst, bring ihn mir mit!« Der Ingenieur stemmte bald einen mittleren Felsbrocken in ihr Haus in Ilulissat. Ob das so recht sei. Es war recht. Unzählige Schmuckstücke hat die lebhafte, füllige Dänin mittlerweile aus dem Labradorit-Brocken gefertigt. In dem Feldspat schillert Licht grünlich und bläulich, als hätte eine Fee das Nordlicht versteinert. Kaja lebt seit fünfunddreißig Jahren mit ihrem dänischen Mann in Grönland. Ole ist Zahnarzt, Kaja war Kommunalpolitikerin und Journalistin und fertigt seit zwölf Jahren Schmuck aus grönländischen Steinen. »Einen richtigen Garten«, das sei das Einzige, was sie hier je vermisst habe. Die Kälte hat sie nie gestört, doch um es als Nichtgrönländer so lange auszuhalten, müsse man »schon ein bisschen anders als normale Leuten sein«. Dazu gehört, dass Kaja grönländisch spricht, das können wenige der Dänen in Grönland. Es sei eine Schande, wenn man es nicht wenigstens versuche, entrüstet sie sich.

Nun kennt sie hier alle, will sie »wegen sechs Eiern zum Einkaufen, dauert es zwei Stunden«. Wenn es eilt, schickt sie lieber ihren Mann. Kaja hält keine Sekunde still. Ihre Werkstatt ist in Steinstaub gehüllt, ihr Sweatshirt von Staub überzogen, die Atemmaske nimmt sie nur ab, wenn Besuch kommt. An den Wänden und in Schränken prangen Ohrringe, Broschen, Kettenanhänger und in einem Holzregal Gesteinsproben. Rosafarbener Tugtupit, der im Sonnenlicht in pink strahlt. Eine Lapisart und Hunderte grüne, weiße, blaue, graue, schwarze Steine. Unermüdlich erzählt Kaja die Geschichte aller und wo sie sie bei langen Bootsausflügen fand. Ein bisschen spottet sie über Besucher, die ihr Steine anschleppen. »Die bringen sie vom Ausflug aufs Inlandeis mit und meinen, es sei was Besonderes. Aber alles nur Granit. Wie langweilig!« Direkt pampig wird die freundliche Grauhaarige, wenn jemand flüsternd danach fragt, welcher Stein wogegen hilft. »Ich verkaufe Steine, keine Illusionen«, grummelt sie.

Einen Lieblingsstein hat sie aber doch. Chrysopras-Matrix. Kaja nimmt einen Anhänger von der Wand und legt ihn in ihre Handfläche. Er ist oben grünlich-bläulich, das untere Drittel des Ovals braun gesprenkelt. »Wie eine grönländische Landschaft«, sagt Kaja. Dann schaltet sie eine starke Lampe ein und lässt den Anhänger davor baumeln. Türkisblaue Adern leuchten wie Einschlüsse in Aquamarin. Versteinerte Eisberge.

B. S.

Der Orgelspieler von Alluitsoq

Südgrönland im Herbst

Der spitzgiebelige Eisberg liegt wie vertäut in der sichelförmigen Bucht, schneeweiß vor grünen Wiesen. Die Sonne knallt auf dieses Bild, beinahe kann man das Prickeln hören, mit dem seit Jahrtausenden eingeschlossener Sauerstoff aus dem Eis entweicht. Wäre da nicht dieser andere Ton, der in die Luft strömt. Ist das Bach? Orgelklänge steigen in den Himmel.

Sonntag in Lichtenau. Christian Hansen spielt die Kirchenorgel. Damit sie eben gespielt wird. Manchmal geht dann auch seine Frau Theodora die paar Schritte von ihrem weißen Holzhaus hinunter in die Kirche. Aber wenn nicht, hört sie die Orgel auch so. Denn in Lichtenau, einem Dorf in einer der tausend Buchten Südgrönlands, gibt es sonst nichts, was man hören könnte. Hier leben nur noch die beiden Alten, Inuit, Schaffarmer, deren Vorfahren vor zwei Jahrhunderten vom Iglu in ein skandinavisches Holzhaus umgezogen sind. Zwei Stunden Bootsfahrt sind es bis nach Qaqortoq, der mit gut dreitausend Einwohnern größten Stadt in Südgrönland, mit einem Hafen, in dem nachts mit Lärm knallrote Container von Royal Arctic abgeladen werden. Dorthin, nach Qaqortoq, sind vor fünfzehn Jahren die anderen Einwohner von Lichtenau gezogen.

Alluitsoq, wie Lichtenau auf Grönländisch heißt, das sind: Wiesen, so dicht wie das Fell eines Moschusochsen, der sichelförmige Sandstrand, Meer so blau wie die Einschlüsse in Labradorit, dem Schmuckstein des Landes. Wie mit dem Würfelbecher hingeworfen verteilen sich Holzhäuser, blaue, rote, grüne, gelbe. Dazwischen weiden Schafe, ein schwarzes steht alleine unten am Meer. Vom Inlandeis ist nichts zu sehen, hinter dem Dorf bauen sich dunkle granitene Berge auf, auf den Gipfeln erster Schnee. Das sieht aus wie Island. Kein Wunder, dass eine Bucht weiter vor tausend Jahren Erik der Rote an Land ging und die Insel »Grünland« taufte, um Siedler anzulocken.

Aus Qaqortoq kommt manchmal Besuch, Verwandte bringen Kekse und Obst aus dem Supermarkt. Auch Touristen legen an, die bei einem Bootsausflug entweder in der beheizten Kabine sitzen oder sich an der Reling nach und nach Nase, Finger, Zehen und dann den Leib verkühlen, weil sie nicht einen Abschnitt der bizarren Küstenlinie verpassen möchten. Da ist es dann Liebe auf den ersten Blick.

Die Hansens bitten Besuch ins Wohnzimmer, zum *kaffeemik*, einem Schwätzchen mit Café. Die Gastfreundschaft stammt aus Zeiten des Umherziehens der Jäger. Man lässt Besucher nicht draußen stehen. Und so findet sich in jedem grönländischen Haushalt eine ausladende Couchgarnitur, auf der viele Platz haben. Theodora sitzt neben ihrem Mann auf einem Hocker, ihre schmalen Augen verschwinden in den Sonnenfalten ihres breiten Gesichts, sie neigt ihren Kopf leicht ihrem Mann zu, beide reden leise. Grönländisch klingt wie ein sanftes, kehliges Singen, eine Sprache, die mit Knacklauten Silben verschließt, um die nächste mit einem weiten Vokal zu öffnen. Das erste Wörterbuch des Grönländischen schrieb Samuel Kleinschmidt, 1814 in Lichtenau geboren. Aus dieser Zeit stammt ein Lied, das Chöre gerne singen, es heißt »Eqqaasaqara« – ich habe an dich gedacht.

Theodora Hansen kichert in sich hinein. Es muss zu komisch sein, was ihr Mann gesagt hat. Der schmunzelt, seine grauen Haare stehen zu Berge, Theodoras dunkle Haare liegen wie ein Helm am Kopf an. »Ich bin hier der Bischof«, habe er gesagt, erklärt Theodora auf Dänisch, ihr Mann spricht nur Grönländisch. Und deswegen spiele er sonntags die Orgel.

Das mit dem Bischof war ein Scherz. Doch so weit hergeholt ist der nicht. Lichtenau wurde 1774 von Herrnhutern, pietistischen Missionaren aus Sachsen, gegründet, und in deren Gemeinden predigten auch Laien. Bestimmt haben die beiden Alten eine genügsame, pietistische Lebensweise verinnerlicht. Sie sind nicht nur nicht weggegangen, in ein bequemeres Leben in der Stadt, sondern sie halten sogar die knapp zehn Häuser ihres Dorfes so gut in Schuss wie die kleine Kirche. In den Gärten wachsen Kartoffeln, es gibt sogar ein kleines Gewächshaus, wenn man die Tür öffnet, schlägt warme Luft heraus, die Herbstsonne hat noch Kraft. Keine Tomaten, keine Erbsen wachsen darin, sondern hohe gelbe Blumen. An einem Gartenzaun trocknen Streifen von Fisch, dessen Haut aussieht wie Leopardenfell.

»Sind wir einsam?«, fragt Theodora ihren Mann. Er schüttelt den Kopf. »Nein«, antwortet sie, »wir haben doch uns.« Und sie müssten sich um die Farm kümmern, um die Schafe, die Häuser, arbeiten. Das klingt unerschütterlich, gelassen, nach Glück. Im Sommer kämen ja Besucher, sogar Kreuzfahrtschiffe zögen vorbei. Das amüsiert die beiden erneut, denn schon kleine Boote haben Probleme, in ihrer Bucht anzulegen.

Im Winter kommt niemand. Ihr Sohn wohnt anderthalb Kilometer entfernt, Schaffarmer auch er, er besucht sie mit dem Schneescooter. Vierhundert Schafe hat er, aber das fragt man eigentlich nicht, das sei wie die Frage nach dem Bankkonto. Die beste Zeit? Theodora lacht. »Im Frühjahr und im Sommer ist alles leicht, da haben wir lange Licht, können arbeiten.« Im Winter sei der Wind das Schlimmste. »Hast du Angst vor dem Winter?«, übersetzt sie ihrem Mann die Frage. Er habe nur Angst ums Boot, sagt Theodora Hansen.

Sonne, Windstille, eine geradezu arkadische Heiterkeit – Spätsommer in Südgrönland. Aber das Wetter kann auch anders. Manchmal landet tagelang kein Flugzeug am internationalen Flughafen von Narsarsuaq, weil der Piteraq, der Sturm des Nordens, vom Inlandeis herunterfällt,

Küstengewässer peitscht, Gras auf den Weiden zerwühlt wie Bettlaken und an den Holzhäusern rüttelt, dass man zu glauben anfängt, ein *tupilaq*, der böse Geist der Eskimomythologie, verlange Einlass. Dann fliegt kein Helikopter mehr zwischen den Städten und den Wohnsiedlungen, und kein Boot fährt mehr. Auch nicht der alte Kutter von Jack Simoud. »Das Wetter ist der Boss«, sagt er dann. Touristen müssen sich in Geduld üben.

Jack Simoud, der mit seinem Boot in der Bucht darauf wartet, dass die Ausflügler vom *kaffeemik* zurückkehren, kam 1976 aus den französischen Seealpen nach Grönland. »Ich habe vergessen, wieder nach Hause zu fahren«, sagt er. Mit seinem Holzkutter »Puttut« fährt er Touristen in mit Eisbergen gefüllte Fjorde. Das Boot stammt aus den sechziger Jahren, jeder Ort bekam damals ein Boot, auf dem ein Arzt mit drei Matrosen und einer Krankenschwester zu Siedlungen wie Lichtenau fuhr. Auf Jacks Boot zurückzukommen, ist gar nicht so einfach, »wir brauchen dringend einen Bootssteg«, sagt er. Denn es gibt große Pläne für das kleine Dorf: Aus Lichtenau soll ein Seminarzentrum werden. Beim Umbau sollen grönländische Jugendliche lernen, einheimische Bausubstanz zu renovieren. Die Ausbildungssituation ist katastrophal: Nach der neunjährigen Schulzeit beenden nur zwei Prozent aller Schüler eine weiterführende Schule oder eine Lehre. So kommt es, dass viele touristische Betriebe Ausländern gehören. Sie sind *arktis-bitten*, von der

Arktis gebissen, leben schon viel länger in Grönland als etwa die dänischen Lehrer, die nach zwei Jahren schnellstmöglich das Rückflugticket einlösen.

Die Nacht wird klar werden. Ob Theodora und Christian Hansen dann vor die Tür schauen, über ihre Sichelbucht, wenn sich der nächtliche Himmel mit Nordlicht füllt? Wenn farbige Strahlen zum Zenit schießen und grüne Gespenster vor Sternbildern tanzen, dass man zu glauben anfängt, ein *tupilaq* habe da oben die Seelen Verstorbener verhext. Vielleicht singen die Hansens dann etwas von Bach.

Im Fjord drosselt Jack die Geschwindigkeit. Am hintersten Ende des fünfzig Kilometer tiefen Einschnitts ragt der Kiattuut-Gletscher auf; er erbricht zweihunderttausend Tonnen Eis am Tag, weil er nur ein kleiner Gletscher ist. Die großen Gletscher weiter im Norden speien zwanzig Millionen Tonnen Eis am Tag in die arktische See. Jack fährt weiter in den Fjord, immer dichter scharen sich Eisberge um seinen Kutter. Eisberge wirken mal wie frisch aus der Glasbläserei, durchsichtig und fast schwarz. Andere kompakt und weiß wie Wände aus Schnee. Manche ziehen wie ein Flottenverband von Segelschiffen am Horizont bei leichtem Wind dahin, andere scheinen festgewachsen wie die Insel Manhattan, eine Skyline von Hochhäusern. Manche leuchten in kristallenem Wickblau, verschlingen Licht geradezu, andere liefern ein fahles Blau, so wie die hintersten Berge am Horizont, hinter den

Schneefeldern. Leise tuckert der Motor, vielleicht fühlte es sich so ähnlich an im Kajak, wenn man sich anpirschte an Robben, die auf einer Scholle dösen. Eine Fahrt durch Zeit und Raum. Man könnte durchaus vergessen, wieder nach Hause zu fahren.

B. S.

Rohe Leber ist mein Gemüse

Von Indoor-Basilikum, Robbenleber und Algen-Deko

Es sah so einfach aus: Die Grönländer standen auf dem zugefrorenen Fjord, vor sich kreisrunde Löcher im Eis. Die Sonne schien, und die Frauen und Männer hielten lange Leinen in den Händen. Daran waren hintereinander viele Haken mit aufgespießtem Irgendwas befestigt; mit langsamen, rhythmischen Bewegungen gingen ihre Hände auf und nieder. Dann zuckte es, sie holten die Leine hoch und pflückten kleine Fische ab wie reife Johannisbeeren. Bei mir zuckte nichts. Immer wieder holte ich die Schnur hoch, vergeblich, nichts dran. Entnervt sagte ich zum Eisloch-Nachbarn: »Ihr habt mir ein leeres Loch gegeben.« Der schüttete sich aus vor Lachen, rief es zum nächsten Angler, der ließ fast seine Leine los, wie eine Welle ging das Gelächter herum. Also so lustig fand ich das auch wieder nicht. Mir schien eher, dass die Nahrungsbeschaffung in Grönland nach wie vor kompliziert ist.

Eislochfischen ist in Orten wie Ammassalik an der Ostküste, wo ich das erlebt hatte, heute Freizeitbeschäftigung. Man fährt mit dem Motorschlitten oder dem Hundeschlitten hinaus, hat ein paar Dosen Bier dabei, genießt die Natur, die Sonne, wenn sie endlich wieder über den Horizont kommt, und wenn man was fängt, gut, kommt es abends in die Pfanne. Meistens aber gibt es Burger oder dänische Würstchen. Aus der Tiefkühltruhe im Supermarkt. Daneben liegen Riesenpackungen mit Suppengrün, Erbsen, Möhren, mal Spinat. Frisches Gemüse bringt der Helikopter nur selten. Die Nachfrage scheint nicht groß zu sein. »Rohe Leber ist mein Gemüse«, könnte der Eskimo zu Recht sagen. Denn das heißt »Eskimo«: Rohfleischfresser. Was die benachbarten Indianer im Norden Kanadas despektierlich meinten, war schiere Überlebensstrategie. Das rohe Fleisch der Robben, vor allem die Leber, enthält Omega-3-Fettsäuren und Vitamine. Absolute Mangelware in den hohen Breiten. In Südwestgrönland, dort, wo auch die Wikinger einst landeten, ist bescheidene Landwirtschaft möglich, da grasen sogar Schafe. Im Osten aber, und ganz oben, in Thule, wachsen Geranien und Basilikum nur als Zimmerpflanzen. In Ammassalik ist keine nennenswerte Erdkrume zu sehen, die Häuser stehen auf blankem Fels. »Und Ihr Europäer wollt uns zu Vegetariern machen!«, erzürnen sich die Einheimischen, wenn die Weltpresse wieder einmal auf Waljagd und Robbenfang eindrischt.

Das Lehrerehepaar lud mich zum Essen ein. Die junge Frau stammte aus Nuuk, der Lehrer aus Ammassalik. Beide wirkten trotz ihrer eskimoischen Vorfahren so städtisch und westlich wie kaum sonst jemand hier. Ich sollte ein grönländisches Abendessen bekommen. Es gab Fleisch. Zuerst gesottenes Walfleisch, das erinnerte mich an Rinderherz. Danach Walrouladen. Ach ja, ein paar Tiefkühlerbsen waren auch dabei. Robbe war aus. Wir nennen das »Greenpeace-Dinner«, sagte das Ehepaar. Ein beliebter Scherz der Inuit, die sich aus Ländern, in denen Milch und Honig fließen, nicht ihren Speisezettel diktieren lassen wollen.

»Und? Hast du rohe Seehundleber gegessen?«, werden Grönlandrückkehrer gefragt. Gar nicht so einfach. Nicht etwa, weil ich mich so hätte überwinden müssen, sie ist schlicht selten zu bekommen. Einmal aber kam ich am Ufer dazu, als Jäger gerade eine Robbe häuteten. Das Fleisch dampfte in der Kälte, sie schnitten die Leber heraus und bissen hinein. Es sah nicht unappetitlich aus, kompaktes Fleisch. Sie boten mir davon an, schnitten mir ein Stück ab. Es war sehr zart und fein. Es schmeckte kein bisschen tranig. Anders als das *mattak*, das sie auf die Jagd als Imbiss mitnahmen. Wal-Snacks. Die Walhaut mit dem Speck daran ist zäh wie Leder, man kann stundenlang darauf herumkauen. Ohne sich an den Geschmack zu gewöhnen.

Der Geruch von Tran ist für mich das geworden, was anderen der Duft eines in Tee getauchten Kekses ist: ein Erinnerungsbeschleuniger. Der ölig-schwere Fischgeschmack lag über den Häusern Ammassaliks, als ich dort einige Monate lebte. Es wurde gerade Frühling, der Schnee taute, mit den wärmeren Temperaturen nahmen die Gerüche zu. Robbenfleisch ist noch immer das Hauptfutter für die Schlittenhunde, immer wieder schleppte einer eine tote Robbe an einem

Haken in die Stadt, zog sie auf den vereisten Wegen wie einen Schlitten hinter sich her.

Im Winter nahm mich ein Jäger auf dem Hundeschlitten mit, keine lange Tour. Seehunde werden meistens gejagt, es gibt aber auch noch eine andere Methode. Er wollte zu einer Robbenfalle. Das ist – Tierschützer sollten jetzt aufhören zu lesen – keine feine Art, Robben zu fangen. Am Eisloch, wo die Robben auftauchen und nach Luft schnappen, wird ein Netz befestigt. Die Robbe verfängt sich darin und verendet. Der Jäger holte so eine Robbe aus dem Wasser. Er wusste, dass ich neugierig war. Er schnitt das Tier auf, holte die Leber heraus. Darin krabbelten weiße Maden, die aussahen wie Garnelen. Er hielt sie mir hin wie ein Stück Schokolade. Ich kapierte, das war ein Scherz. »Zu lange tot«, erklärte er, und warf die Leber weg.

Manchmal liefert sogar die grönländische Natur etwas Grünzeug. An manchen Tagen stehen die Frauen in Ammassalik vor dem Supermarkt, auf dem Boden sind Planen ausgebreitet, bedeckt mit dunkel-graugrünen Pflanzenlappen. Algen. Daraus bereiten sie eine überraschend frisch, wenn auch salzig schmeckende Beilage.

»Kompakt vergorene, schimmlig verdorbene Kuhmilch« sei auch nicht jedermanns Geschmack, sagte der Lehrer nach dem Greenpeace-Dinner. Wobei er sich mittlerweile an den Genuss von Blauschimmelkäse gewöhnt hat.

B. S.

Arktisches Arkadien

Eine Reise nach Spitzbergen

Am Morgen schneit es. Grobe Flocken fallen auf die Schlafsäcke, denn es schneit innen im Zelt. Kondenswasser vom Atmen und Dampf vom Nudelkochwasser legten sich in der Nacht als Eisschicht an die Zelthaut. Als die Ersten ihre steifen Glieder bewegen und dabei an das Zelt stoßen, beginnt es zu rieseln. Noch mag niemand heraus aus dem Schlafsack. Draußen sind etwa minus fünfzehn Grad. Von Weitem ist Priitas Stimme zu hören, sie geht von Zelt zu Zelt, weckt alle, die Hunde beginnen zu heulen. In den Zelten recken sich Studierende aus Tromsø, zumeist Norweger. Sie kamen für eine Woche als arbeitende Gäste nach Spitzbergen, auf eine Hundefarm. Sie reparieren Hütten, flicken Saumzeug, schippen Schnee wie die Berserker. Die eisige Nacht auf dem Gletscher ist nicht Teil der Arbeit, es ist die Belohnung.

Auf Spitzbergen leben knapp dreitausend Menschen, die wenigsten wurden hier geboren, die meisten kamen freiwillig an dieses nördliche Ende der Welt. Warum zieht es Menschen hierher, warum ziehen sie in den Norden? Auf diese Fragen bekommt man vor Ort nur vage Antworten. Die Gehälter seien besser als in Norwegen, sagen die einen. Andere nennen ihr Hiersein Polarfieber. Eine Reise in den Norden, zu Menschen, die hier ihr Arkadien gefunden haben.

Lisa Steffensen
Ihre braunen Haare klemmt Lisa mit einer Haarspange zurück, ein paar Ponyfransen fallen ihr ins Gesicht. Wenn die junge Frau grinst, bekommen ihre Augen einen schelmischen Zug. Grinsen muss sie oft, zum Beispiel bei der Frage, ob sie schießen könne. Lisa sieht aus wie ein Mädchen aus einer Vorabendserie, nur dass hinter ihr an der Wand keine Poster hängen, sondern fünfzehn Gewehre, mit einem Vorhängeschloss gesichert. Lisa arbeitet in der Svalbardbutikken in Longyearbyen, sie verkauft Ausrüstung für Touren, und dazu gehören auf Spitzbergen Gewehre. Der Eisbären wegen.

Man könne niemanden zwingen, ein Gewehr mit sich herumzutragen, sagt Lisa, aber sie rate es allen. Außerhalb Longyearbyens wird man kaum jemanden ohne Waffe antreffen, und auch innerhalb der Stadt wäre es im Grunde nicht schlecht. »Letztes Jahr kam einer bis zum Tor vom Kindergarten«, erzählt Lisa. Es ist eine von zahllosen Eisbärgeschichten, die Besucher auf Spitzbergen zu hören bekommen.

»Ich habe zwei Pistolen, eine vierundvierziger und eine dreihundertfünfundsiebziger Magnum. Die Flinten sind mir für Wanderungen zu schwer«, sagt Lisa und startet wieder ihr Hat-das-Greenhorn-noch-mehr-Fragen-Grinsen. Kann hier jeder ein Gewehr kaufen? Nein, kann er nicht. Aber leihen. Das kostet hundert Kronen am Tag. Wer keine Jagdlizenz hat, muss zeigen, dass er dennoch mit einem Gewehr umgehen kann. Wer das nicht kann, aber schnell lernt, mit dem geht Lisa zum öffentlichen Schießstand und bringt es ihm bei.

Mit achtzehn Jahren kam Lisa nach Longyearbyen, spannend fand sie die Vorstellung, so weit im Norden zu sein, sie kommt aus Hamarøy, das in Norwegen und auch schon nördlich des Polarkreises liegt. Wie ist das auszuhalten, wenn es völlig finster ist? Auch diese Frage hat Lisa schon gehört. Also: Die Sonne erhebt sich am 8. März das erste Mal wieder über die spitzen Berge, nach denen Barentsz 1596 die Insel benannt hat. Der Name Svalbard ist noch älter, findet sich in einer Wikinger-Aufzeichnung von 1194: *Svalbardi fundinn*, »kalte Küste gefunden«. Doch bedeutet dies ja nicht, dass es bis 8. März finster ist, und dann einer den Schalter fürs Licht anknipst. Schon im Februar weicht die Polarnacht einem Licht, das sich schwer beschreiben lässt. Der Himmel schüttet ein leuchtendes Blau aus, eine Stimmung vergleichbar einem späten Januarnachmittag etwa in St. Moritz, wenn die Sonne gerade hinter den Bergen verschwunden ist. Blauer Monat, so nennen sie diese Zeit. Wer aber die gut zweimonatige Polarnacht nicht aushält, sagt Lisa lapidar, verschwindet nach dem ersten Winter wieder. Andere stellen sich auf den Tisch eine *sol lampe* und arbeiten mit Lichttherapie dem Norden zuwider. Lisa nicht.

Der Svalbard-Archipel mit der größten und einzig bewohnten Insel Spitzbergen gehört zu Norwegen, liegt aber vom norwegischen Nordkap so weit entfernt wie Oslo von Frankfurt. Spitzbergen befindet sich weit nördlich von allen sibirischen Landstrichen, nördlicher als alle Städte und Siedlungen Alaskas und Kanadas. Es liegt etwa auf der Höhe des magnetischen Nordpols, zum geografischen Pol fehlen nur noch gut tausend Kilometer.

Besiedelt wurde die Region erst Mitte des 19. Jahrhunderts durch westliche Pelztierjäger und später durch Kohlenkompanien. Auf Svalbard gab es nie eine Urbevölkerung, Tschuktschen, Ewenken, Samojeden, Inuit, Inupiak oder Aleuten, keines der zirkumpolaren Völker wurde hier ansässig. In Longyearbyen leben hauptsächlich Skandinavier, aber auch Menschen aus weiteren dreißig Nationen, mit Thailändern als der am schnellsten wachsenden ausländischen Gemeinde. Longyearbyen ist schon lange keine Männerwelt von Minenarbeitern mehr, sondern eine Heimat für Familien. Jährlich werden fünfzehn Kinder geboren, es gibt drei Kindergärten. Während früher jeder, der das Pensionsalter erreicht hatte, die Insel verlassen musste, kann man heute ein Haus kaufen und bleiben.

Lisa sagt, sie wolle hier nie mehr weg. Sie fährt oft mit ihrem Schneescooter hinaus, natürlich hat sie eine Waffe dabei. Geschossen hat sie allerdings noch nie auf einen Eisbären. Es gelten strenge Gesetze zum Schutz des größten Raubtiers. Auf Grönland, wo der Bär offiziell ebenfalls unter Schutz steht, bei Notwehr aber geschossen – und das Fell behalten – werden darf, springt beim Ruf »Eisbär!« schon mal ein ganzes Dorf auf die Motorschlitten.

Die Touristensaison beginnt Ende März, dann verleiht Lisa mehrere Gewehre am Tag, die Nachfrage ist groß. Wenn aber im Sommer Kreuzfahrtschiffe im Hafen von Longyearbyen anlegen und Schiffsladungen von warm eingepackten Besuchern durch den Ort streunen, sperrt sie das Vorhängeschloss gar nicht erst auf. »Die schleichen durch den Laden, kaufen nie etwas, man muss aufpassen wie ein Luchs.« Manche der Tagesgäste wüssten nicht einmal, dass auf Spitzbergen Norwegisch gesprochen werde, mokiert sich Lisa. Sie fotografierten jeden auf der Straße, »manchmal fühlen wir uns wie arktische Affen«.

Vidar Løkeng

Vidars Eisbärengeschichte geht so: Vor zwölf Jahren kam der Norweger für ein paar Winterwochen nach Longyearbyen, er besuchte einen Freund, der hier arbeitete. Sie fuhren mit Skiern hinaus. Abends saßen die beiden in einer alten Jägerhütte, kochten Kaffee, als draußen Geräusche zu hören waren. Geräusche eines schweren Tieres, das um die Hütte tappte. Sie hörten auch ein Grunzen. Dann hörten sie ein Scharren und Schaben, außen an den Holzwänden, die ihnen nun sehr dünn schienen. Sie fühlten sich wie ein Polarfuchs in einer Trapperfalle. Sie konnten nicht hinaus, drinnen bleiben wollten sie aber auch nicht. Vidar sagt, er habe das Gewehr im Anschlag gehalten, ohne zu wissen, was passieren würde, wenn der riesige Bär, denn er hörte sich riesig an, mit der Tür ins Haus fallen würde. Schließlich trottete der Eisbär aber davon. Das ist das Ende der Geschichte, sie hat keine Pointe und ist deshalb eine gute Geschichte. Später erzählt er eine andere, da blieb von einer deutschen Touristin, die auf einen Berg hinter Longyearbyen gestiegen war, nicht viel übrig.

Vidar erzählt seine Geschichten, während er auf einem Rentierfell sitzt und Kaffee trinkt. Er ist Lehrer an einer *folkehøgskole* nahe Tromsø, die ihren Jahresausflug nach Spitzbergen macht und die Studenten als arbeitende Gäste auf die Hundefarm bringt. An dieser Schule lernen junge Menschen alles, was zum *friluftsliv* dazugehört. Das Recht auf das Leben im Freien ist im norwegischen Gesetz verankert, geradeso wie der »pursuit of happiness« – das Streben nach Glückseligkeit – in der amerikanischen Unabhängigkeitserklärung. Die Parallele ist passend, kann doch gerade das Draußensein, das Herumziehen in der Natur, unerreichbare Glücksgefühle vermitteln.

Vidar Løkeng sieht mit seiner randlosen Brille aus wie ein Geschichtslehrer, aber er unterrichtet Mushing, das Trainieren und Führen von Schlittenhunden. Außerdem züchtet er Hunde und fährt Hundeschlittenrennen. Nach Spitzbergen kommt er jedes Jahr mit seinen Studenten, denn so nahe am Nordpol könnten sie extreme

Bedingungen durchleben. In solchen Tagen und Nächten, bei tiefen Minusgraden, Stürmen und anderen Widrigkeiten »können die Studenten ihre Grenzen kennenlernen und erfahren, was ein Zelt und ein warmer Schlafsack bedeuten«. Zudem bilde die Erforschung der Arktis einen Teil der norwegischen Identität, »wir sind stolz auf Amundsen, Nansen, Johansen und die andern und möchten das unserer Jugend vermitteln«.

Die Studenten lümmeln auf Rentierfellen in einer Gamme, die den samischen Torfhütten nachgebildet ist. Allerdings ist diese für den Tourismus ausgerichtet, es passen gut zwanzig Leute hinein. Zur Hauptsaison ab Ende März kommen Reisegruppen, die arktische Abenteuer gebucht haben. Die Gamme steht auf dem Gelände eines Hundehofs, draußen kuscheln sich achtzig Schlittenhunde in den Schnee oder verkriechen sich in ihren Hütten. Jede Nacht bläst der Wind wieder Schnee auf und rund um die Hütten, härtet ihn wie Beton, jeden Morgen treten die Studenten, unter ihnen auch zarte Mädchen, hinaus und an wie zum Appell, um die Hundehütten frei zu schaufeln. Sisyphosse der Arktis.

Das Feuer in der Gamme wird dünner, einer der jungen Männer greift zur Axt, beherzt schafft er Feuerholz. Vidar sinniert: »Wie viele Menschen können noch mit einer Axt umgehen?« Die Gegenfrage – wozu auch? – überhört er. Die meisten Menschen lebten urban, »haben es warm und gemütlich. In meiner Welt im Norden ist das nicht möglich.« Dabei erfahre man nur so, was Glück ist: ein wärmendes Feuer etwa. »Das Leben muss hart sein, um es genießen zu können«, sagt Vidar noch. Man versteht allmählich, wieso der Katholizismus im Norden nie Fuß fassen konnte. Vidars Postulate sind die reinste protestantische Lehre, geprägt vom Laestadianismus, der lutherischen Erweckungsbewegung, die der »Samenpastor« Lars Levi Læstadius im 19. Jahrhundert nach Nordskandinavien brachte. »Mein Großvater war Laestadianer«, sagt Vidar.

Eine Gruppe von Studenten macht sich fertig, Schnee schippen, Hütten reparieren. Vidar geht mit hinaus, das Gewehr lehnt er an einen Pfosten. Ein tiefschwarzer Himmel hängt über dem Fjord, als kündete er von einem Unwetter. Doch er ist das Zeichen für offenes Wasser. Bleigraudunkel liegt der Fjord da, der Winter war viel zu warm, noch immer ist *isfjorden*, der Eisfjord, nicht zugefroren, die schwarzgrauen Wasser spiegeln sich in den Wolken.

Bente Reines

Bente ist die große Schwester. Die große Schwester von allen. Die Studentin ist eine jener Frauen, die jede Arbeit sieht und wegschafft. »Die Urlauber, die hierherkommen und einen Tag mit dem Schlitten rausfahren, die tun mir leid«, sagt Bente. Nicht, weil es kalt wäre, sondern weil es langweilig ist. Man müsse mit Hunden arbeiten, sie füttern, sie trainieren, überhaupt müsse man sich aktiv beteiligen, sagt sie, um so einen Aufenthalt auf Spitzbergen genießen zu können. Von allen

Arbeiten, die die Studenten erledigen sollen, gibt es nur eine, die ausgelost wird: Latrine leeren.

Am späten Vormittag beginnt die Tour auf den Scott-Turner-Gletscher, dort werden die Studenten übernachten. Sie spannen je fünf Tiere als Teams vor die Schlitten, Bente ist mal wieder als eine der Ersten fertig, sie hilft anderen dabei, die richtigen Hunde zu finden. Im Zwinger beginnt ein unglaublicher Lärm, als würden Höllenhunde verzweifelt eine Göttin beschützen wollen. Der erste Schlitten startet, ein Inferno bricht los. Die Begierde der Hunde, loszuspurten, diese frenetische Lust zu laufen, ist unvergleichlich. Wenige Hundert Meter hinter den Hütten verebbt der Wahnsinn. Die Gespanne laufen in gleichmäßigem Tempo, nun hat man auf dem Schlitten Muße, die Landschaft zu betrachten. Eine Einheimische fährt an der Spitze, über dem Rücken hängt ihr Gewehr. Man gewöhnt sich an diesen Anblick. Im blauesten Licht weitet sich das Tal, an den verblasenen Hängen drückt schwarzes Gestein durch eine dünne Schneeschicht, ein halber Mond steht am Himmel, wirft gelbliches Licht auf die Flanken.

Abends im Zelt erzählt Bente von einer anderen Tour, in Norwegen, bei schrecklichem Blizzard verloren sie einen Hund, ein anderes Mal brach ein Schlitten ein im gefrorenen See. Existenzielle Zustände hätten sie durchlebt. Doch in solchen Situationen, und auch noch danach, erfülle einen das gute Gefühl, absolut im Augenblick zu leben. Das empfinde sie nun auf Spitzbergen erneut. Wenn man nicht in einem der skandinavisch bunten Holzhäuser in Longyearbyen wohne, sondern draußen lebe, der Natur in einem Maße ausgesetzt, wie es gemäßigte Zonen nicht vermitteln können, fühle man sich eins mit sich selbst.

Priita Pöyhtäri Trøen

»Und dann kam ich ins Paradies«, sagt Priita, als das nächste Dia den Raum erhellt. Was Priita als ihr Paradies bezeichnet, würden andere eine öde Küste in einem kargen Landstrich nennen: Ein Fjord, der sich nach Norden öffnet, Berge, die aus Gletschern ragen, ein flacher kiesiger Strand, an dem eine schäbige Hütte steht, erbaut 1935.

Priita begleitet Hundeschlittentouren auf Spitzbergen, für die Studenten hält sie am Abend zuvor einen Diavortrag. Der Projektor steht in einer Holzhütte neben der Gamme auf einer Tischdecke aus seidig glänzendem Seehundsfell, Petroleumlampen hängen an den Wänden, eine kleine norwegische Flagge steht im Fenster. Überwinterung heißt Priitas Geschichte, es ist das Zauberwort aller Arktis-Besessenen. Es bedeutet: Die Finnin hat einen Winter in einer ehemaligen Trapperhütte verbracht, weit nördlich von Longyearbyen, nur im Notfall – und dann bei passablem Wetter – per Helikopter zu erreichen.

Und das kam so: In Lappland arbeitete die Biologin mit Schlittenhunden, sie reiste eines Sommers nach Spitzbergen, »und es gefiel mir gleich viel zu gut«. So als wäre Lappland einfach nicht nördlich genug, so wie einem vielleicht

Südtirol noch nicht passend dünkt, wenn man für Italien schwärmt. Im Lokalblatt las sie die Anzeige eines norwegischen Trappers, er suche eine Begleitung für eine Überwinterung. Sie traf sich mit ihm zum Abendessen, zwei-, dreimal. »Ich habe auch gesehen, wie er mit seinen Hunden arbeitet. Da wusste ich, es wird gehen.« Ein Leben in Longyearbyen erschien ihr nicht attraktiv. Die Menschen hier machen einen außerordentlich beschäftigten Eindruck. Es gibt unzählige Vereine für die achtzehnhundert Bewohner, für jedes Hobby einen Klub, alle haben immer etwas zu tun, schon schaffen sie den eigenen Haushalt nicht mehr und beschäftigen Thai-Frauen fürs Putzen. Sie müssen ja Sprachen lernen, Sport treiben oder sticken, stricken, häkeln. Es klingt wie das Pfeifen im Walde, wie das Postulat: Wir sind im Norden, aber sonst ganz normal.

Priita wollte mehr Norden. Bis zum Zweiten Weltkrieg waren Überwinterungen von Pelztierjägern nichts Ungewöhnliches, Frauen gesellten sich nur selten dazu, wunderbar nachzulesen ist das im Arktisliteratur-Klassiker der Österreicherin Christiane Ritter, »Eine Frau erlebt die Polarnacht«. Eisbärengeschichten kann die zierliche Priita unzählig viele erzählen. »Fünf Minuten, nachdem wir an der Hütte ankamen, kam der erste Eisbär«, erklärt sie anhand eines Dias. Am Ende ihrer Zeit dort oben, im März, stand dreimal täglich ein Eisbär vor der Tür. Da hatte sie sich die wichtige Routine längst angewöhnt, alles das, was man tut, bewusst zu tun. »Sonst vergisst